2

mundo mundano

E O SEU NOVO MUNDO.

MundoMundano e o seu novo mundo | Camila Briganti [et al.].

São Paulo: Selo Prólogo e Instituto MundoMundano, 2011.

ISBN: 978-85-99349-61-8

245pp.

NOTAS:

Design gráfico: Camila Briganti
Revisão gráfica: Cláudio Manculi

Organização: Camila Briganti

Seleção do material: Camila Briganti, Tânia Tiburzio e Cesar Cruz.

Revisão: Cesar Cruz

Capa: Fabio Martinez

I. Briganti, Camila. II. Lacerda, Mariana. III. Tiburzio, Tânia. IV. Carvalho, Fernanda. V. Nascimento, Renata.

São Paulo - São Paulo - Brasil

sites:
Instituto MundoMundano: www.mundomundano.com.br
Selo Prólogo: www.prologoseloeditorial.com.br
Fabio Martinez | Agência Hermanos: www.agenciahermanos.com.br

mundo mundano

E O SEU NOVO MUNDO.

INTRÓITO

O primeiro livro trouxe um grande frio na barriga, uma insegurança de como seria ver nossas letras, traços e fotos impressos à tinta, palpáveis, ao alcance dos olhos e das mãos das mais diversas pessoas. Estávamos livre para sofrer as mais variadas (e inesperadas) críticas. E sofremos. Diferente da crítica do público – que surpreendentemente foi extremamente positiva –, sofremos porque queríamos mais. Não estávamos satisfeitos. Queríamos atingir (talvez) o inatingível.

E atingimos. Agora temos em mãos o segundo livro. Uma coletânea de diversos contos, crônicas, pensamentos, fotos, ilustras milimetricamente selecionados pelo nosso Conselho Editorial. Um trabalho extremamente difícil, pois, a cada dia que passa, o material recebido é ainda melhor.

Não, o frio na barriga não passou – talvez tenha até aumentado –, mas agora a responsabilidade é diferente. Temos artistas de diversos países e nacionalidades que acreditam e confiam no nosso trabalho. Temos a responsabilidade de continuar fazendo os leitores se reconhecerem na nossa arte, em cada linha, ponto ou fotografia. O desafio é fazer cada coração sentir a pulsação mundana. Reinventar o olhar a cada leitura.

Desde a publicação do nosso primeiro livro muita coisa mudou. Nosso time cresceu, novos mundanos chegaram, alguns se foram, outros cresceram em talento, mudaram seu estilo, se aperfeiçoaram. Assim crescemos juntos. E de agora em diante, cada vez mais.

Mergulhe no nosso novo mundo. Delicie-se com esse irreverente universo. Permita-se chorar, sorrir, deslumbrar-se. Viva a loucura e a beleza, as dores e alegrias. Seja também um mundano. E faça parte desta história.

Saudações sempre Mundanas,
Camila Briganti, Tânia Tiburzio e Mariana Lacerda

INDICE

splahes | guto seixas

a resposta
lu gross

Deus morreu. E aqui estamos nós, condenados a nossa própria liberdade.
Sartre

escrevemos porque não somos gatos
bruna escaleira

Poderia ser índia e atravessar, todo dia, os desconhecidos desafios da selva. Ou então andarilha, para descobrir os detalhes do submundo, aos quais têm acesso somente os encrencados ou desprovidos de oportunidades. Depois, seria rainha, para sanar as angústias do meu reino com o simples toque do meu cetro. Seria viajante, poeta, artista de circo, executiva. Se dispusesse de tantas vidas, em uma delas, seria até freira, para investigar o que há por baixo das batinas.

Mas cada um, neste mundo, dispõe de apenas uma vida, única, incrível e imensurável oportunidade de explorar e mudar este universo enorme – o qual único ser jamais será capaz de apreender sozinho.

E é por isso que escrevemos. Na impossibilidade de viver todos os papéis em uma única existência, burlamos as regras do destino e escolhemos o papel de escritor. Sob tal identidade, ganhamos o inigualável poder de performar os mais diferentes papéis, viver infinitas histórias e experimentar os mais contraditórios pontos de vista. Tudo isso sem perder a identidade e sem precisar buscar o mítico poder dos gatos de viver sete vezes.

não confie em um escritor
fernando torres

Entre tantos conselhos que darei à minha pequena Madá (filha que ainda não tenho, mas que está nos meus planos para esta década), tais como não falar com estranhos e sempre ter um cartão te-lefônico para emergências (na minha adolescência eu sempre tinha fichas), estará o de não receber homenagens daqueles que se dizem escritores.

Eu me disfarço bem no dia-a-dia. Se alguém me pergunta eu logo digo: Sou advogado. Gosto de ler e escrevi um livro, mas bom escritor não se diz escritor. É jornalista, advogado, vagabundo ou qualquer outra coisa, menos escritor.

Mas acontece que, ao final de um longo dia de aula, em que alunos de diferentes turmas de pós-graduação em direito (trabalhista, contratos, tributário, educacional etc.) tiveram aula no mesmo auditório para o encerramento do ano letivo, uma das assistentes de uma das turmas, com quem por vezes converso, me aborda e diz com brilho nos olhos: "Ganhei uma crônica!"

Atônito, penso logo em doença. Crônica?, penso eu - Apendicite? Será? Mas minha querida amiga, complementa: "Aquele aluno é escritor, disse que vai escrever uma crônica sobre mim." Eita! , penso eu.

Aquelas palavras, ditas com tanto gosto. Ele. É. Escritor. Será que revelo que por trás deste advogado com barba por fazer, que passa os sábados em curso de pós-graduação, existe um escritor? Que publiquei meu primeiro livro este ano? Que recebi um certo retorno crítico positivo? Que... nada mais.

Não. Não posso. Não devo.

Pensei em questioná-la: Escritor do quê? Onde? Que livros publicou? Mas hoje qualquer um é escritor, basta um blog e alguma disposição. Mas, quantas crônicas será que escreveu o personagem da nossa conversa para as jovens mulheres? Você vai verificar se a obra é original? E a qualidade literária dela, importa?

Mas não fiz nada disso. Com a certeza de que todo escritor deveria querer queimar cada um dos seus originais (como fez Kafka) ou roubar exemplares de seus livros da casa de amigos (como Dalton Trevisan) ou se esconder da fama (J. D. Salinger e Raduan Nassar). Desprezo o rapaz.

Que coisa feia! Usando o nobre nome da literatura indevidamente? Mas a literatura não tem nada de nobre. Nem sei para que ela serve, nesse mundo em que tudo deve ter uma serventia. Mas para isso eu acho que não é. Ou é?

Já sei!

Entendi!

A literatura (pelo menos a boa) é essencialmente uma mentira. Uma mentira cuja verossimilhança lhe dá ares de verdade. É, portanto, como qualquer mentira bem contada, perigosíssima. Nas mãos erradas, pode causar danos catastróficos.

Cuidado menina! Se um escritor lhe oferece uma literatura-flerte, saiba que ele está lhe oferecendo uma mentira-flerte. Vinicius de Moraes até tem seu charme canalha ("que seja eterno enquanto dure..."), mas nem todos são o Poetinha.

Como não pude dar o conselho a tempo para minha amiga, guardo para minha filha: Não confie em escritores, a mentira é sua matéria-prima.

desassossego
tânia tiburzio

Vontade doida de escrever qualquer coisa sem sentido algum, uma carta-poema que fale de amor e saudade, das nuvens de chumbo que vejo ao longe. Escrever para meu pai uma carta longa, colorida, repleta dos insetos – formigas, abelhas e joaninhas – que ele pacientemente me mostrava na infância e que agora mostrará aos netos. Escrever para minha mãe um conto choroso repleto de músicas do Lenon, com seus gritos de alegria e com cheiro de brigadeiro na panela. Vontade de escrever o livro das minhas memórias sobre meu irmão mais velho de Cuiabá que nunca existiu. Escrever sobre a solidão gigante que toma conta de mim em dias assim vazios de sentido e caos. Sobre meus romances não vividos, apenas sonhados no vai-e-vem da rede da varanda. Vontade doida de escrever, traduzir em palavras o que sinto e também pressinto.

mateus silva

memórias de pensão
denise ranieri

Dona Etelvina falava pelos cotovelos com o técnico da tevê a cabo, quando ela entrou e perguntou alguma coisa sobre a hora do *brunch*. A velha respondeu que ali não tinha *brunch*, era café da manhã mesmo, e emendou uma conversa na outra. Mas ela não parecia interessada no assunto anterior. Saiu de cena sem a menor cerimônia e sentou-se na área externa da casa. Acendeu um cigarro e cruzou as pernas – pode ter sido o contrário. Parecia esperar alguém. Eu estava hospedado no pensionato de Dona Etelvina havia quase um ano e era a primeira vez que a via por ali. Devia ter uns trinta, no máximo. Usava um vestido justo que deixava à mostra o corpo bem feito. Noventa-sessenta-noventa. Nunca fui bom em medidas de mulher, mas era o tipo de comentário que tia Rosaura faria se a visse naquele vestido – tia Rosaura era costureira conhecida na região de Araçatuba. Fixei os olhos nas coxas e fui subindo. Ela jogava os cabelos de um jeito que pareciam mover-se em câmera lenta. Naquela época, ainda não sabia o quanto poderia ser perigosa uma mulher que joga os cabelos daquele jeito. Eu observava da janela, fingindo olhar o movimento da rua. O ângulo não favorecia que eu visse seu rosto, mas teve um momento em que ela virou bem a cabeça e soltou uma longa baforada em minha direção. Olhos negros pontiagudos, anotei no meu bloco de pretensões poéticas. Ela sabia que estava sendo observada, cruzava e descruzava as pernas. Acho que foi um sorriso meio de canto de boca que a denunciou. Um riso mais indecifrável que o da Monalisa. Eu estava enlouquecido por aquela presença, quase tomando coragem para uma missão suicida quando o homem do carro preto parou em frente à pensão e indicou a porta do passageiro. Ela entrou, não sem antes olhar novamente em direção à janela. Ensaiei o meu melhor olhar, meio de lado, enquanto ela ia saindo.

...

Houve uma confusão no meio da madrugada. Levantei às pressas assustado com os gritos de Dona Etelvina. No meio do corredor ela empunhava uma vassoura, uma versão quixotesca da Praça da República. Bradava que seu estabelecimento era de família e outras coisas como sem-vergonhice ali não! Fui me inteirar no café da manhã. Dona Etelvina havia descoberto que a nova hóspede praticava a mais antiga das profissões bem ali, debaixo do seu nariz enrugado. E eu que passara a noite tentando lançar algumas rimas para a mulher dos olhos negros, ao menos tive uma certeza: Não seria eu o poeta da mulher inatingível. Seria sim o poeta à procura da puta. Diana, Afrodite, Stephanie ou Brigite? Qual seria o nome de guerra da minha musa?

o escritor neurótico
dolce vita

Não conseguia escrever seu vigésimo romance. As palavras engasgavam no meio da frase.

Sofria de soluço literário.

matei o meu primo
renata nascimento

Ele com o seu *rock and roll* de bigode. Conquistou o pódio da popularidade graças à cerveja. Enquanto isso, eu apostava em deixar, meio que sem querer, livros em cima de mesas com títulos literais. Sobrei com os sanduíches do ensaio da banda dos "Alá Dalís". Um dia, angustiado com os ossos dentro do meu sangue que não faziam movimentar, reutilizei a pasta de amendoim do lanchinho e gentilmente ofereci ao meu primo. Desde então assumi o microfone.

tango | fernando ricci

perturbante
giuseppe schillaci

tradução do italiano: Bruna Nehring

"Blob" o programa de flashes de ontem, as lutas no mundo, e as garotas da hora, sempre satisfazem os desejos dos meus neurônios. Mas na parte de baixo já estão correndo os títulos da programação. Pois é, mais uma vez cheguei tarde.

A TV obscurece um bocadinho, depois na tela aparecem os logotipos de sempre, já fami-liares. Uma música suave, o rosto tranquilo do Gianni Minoli, e lá vai o projetor.

O pôr-do-sol pinta o céu de violeta, e aí, bem em frente, velhos barcos no pequeno cais. Sobre os barcos, famílias inteiras indicam uma casa lá longe. O feixe de luz inunda um muro caiado e a imagem começa a ter vida, revelando o majestoso *drive-in* marítimo, novo Cinema Paradiso. Fecho os olhos e mergulho nas recordações daquelas horas ociosas do verão passado na Sicília.

O calor de sempre, começo de agosto... Lampejar nas colinas, botes ao largo de Malta.

Na cidade, um trânsito indolente, uns mirrados turistas, motorzinhos zumbindo por aí. O mar está calmo, o céu baixo, e o siroco se aproximando. De repente uma notícia ricocheteia do guarda-sol dos Cutó para o dos Butera: "O sultão está atracando em Palermo".

Maria Cutó, professora do Colégio Verga, diz que ele virá para revitalizar o Sul. Sua amiga Francesca acha que ele vem para cumprimentar o novo Presidente Regional. Tanina Butera, dona de bancas de verduras, refere ter sete esposas e quarenta filhos; mas seu marido tem por certo que ele esteja querendo comprar o time de futebol.

Turi exagera, como sempre: o sultão procura petróleo e quer armas. Há ainda quem fale de máfia e anti-máfia, enquanto Don Caruso suspeita Bin Laden e seu comparsa de prepararem a anexação à Oman.

Os políticos da cidade se preparam para o evento, mandam limpar as ruas do shopping *e as praças cívicas. A cidade espana o fasto de suas glórias, se desvela, se gaba. O primeiro iate a atracar, de pronto, vira febre do sultão.*

No cais, uma armada de tele-câmaras e celulares alimenta o mito: vinte e cinco Mercedes-Benz, três limousines, um jato e o helicóptero. Turi entusiasma-se, conta fábulas de harém secretos, festanças de mil-e-uma-noites, e documenta tudo com seu novo palm.

Francesca jura ter visto sua majestade degustar uma cassata, um doce típico siciliano, e ter deixado uma gorjeta de mil euros para sua irmã – imagine, balconista numa loja do centro. À chegada do segundo iate, o povo se apinha no cais à procura de algum dignitário, de um meio-ministro, de um serviçal, pelo menos de algum carregador que possa benzê-los, quiçá conceder-lhes uns trocados. Desde cedo, as famílias Cutó e Butera desfraldam orgulhosamente suas assadeiras de macarrão e aprumam suas cadeiras, conquistando assim as primeiras fileiras. A família Pirotta – tia, tio, mãe, pai e recém-nascido – fica sem lugar e escala um container. O pai, que continua esperando conseguir emprego público na Regional, ajuda a avó Carola a subir sobre o teto de zinco em brasa, invocando as graças do novo padroeiro.

No último dia de permanência do sultão em Palermo, serpenteiam indiscrições sobre os projetos da Oman: Maria fala de hospitais e escolas perto de Bagheria e briga com o namorado Turi que, por sua vez, sabe por certo de arranha-céus e campos de golf na região de Brancaccio.

A noitada final será selada por uma ceia de caviar, oferecida pelo sultão em lugar secreto. Francesca quer estar lá a qualquer preço. Começa um turbilhão de telefonemas e, só na última hora, o bisbilhotar de sua prima revela o local. Estaciona seu Smart e, metida num vestido Vogue e saltos-agulha cobertos de paillettes, *marcha para o portão. À entrada, porém, é barrada por um brutamonte. Francesca não desiste, grita e suplica: toda tentativa é vã. Senta-se num canto, acende um cigarro e chora. Don Caruso se aproxima, enxuga-lhe as lágrimas negras de rímel e mergulha os olhos no decote. Murmura-lhe algo ao ouvido e urra para o portão. O segurança corre a justificar-se como uma criança repreendida e Francesca pode fazer sua entrada triunfal, ao braço salvador de Don Caruso.*

Enquanto isso, no centro, um concerto de gala agradece ao povo sua calorosa acolhida. A orquestra real da Oman perfila-se na escadaria do Teatro Massimo entoan-

do "Ciuriciuri", "Vitti na Crozza", embaralhando cantigas do folclore siciliano com o Funiculí-funicolá napolitano. Tanina inspira, embevecida: "como são bons esses Turcos, parece até o festival de San Remo!".

O povo ama o sultão e ele retribui soltando um cheque de cinco milhões de euros para o Hospital das Crianças. Do palco emergem os acordes de "O sarracine", - ah! essa origem ancestral de turcos e árabes... - A praça exulta. O céu é um imenso fogo de artifícios.

Estico as pernas e penso no livro "O sultão de Palermo", de Tariq Ali, que li há alguns anos. Penso a mítica ilha de outros tempos, árabes de braços dados com normandos, idílios de mosaicos com jardins. Tenho ganas de rir.

Onde está meu controle remoto...?

escada | mariana lacerda

tanta saudade
paula cajaty

Tua existência me confirma, tua existência me define. E tua falta me exaspera.

Eu ainda esperaria encontrá-lo, sorvê-lo mais uma vez em cheiro, peso e presença, não fosse esse lampadário que ainda revela as sombras onde me encontro. Eu poderia tocá-lo se não fosse essa luz que me impede de imaginá-lo, voz e mãos no meu colo, em paz, mais uma vez a cabeça deitada no meu peito, na confiança de que nada nos faltaria.

Quando foste para longe, as vertigens me puxaram para a terra, a fome revolta se tornou ânsia, tudo se tornou desgraça na distância dos seus olhos, dos olhos que diziam tanto num brilho sem palavras. Quando foste para longe eu quis ir junto, mas não tive coragem. Fiquei. Nem sei agora muito bem, mas, covarde e egoísta, fiquei. Fiquei enlouquecendo sozinha.

E agora nada mais existe senão o assombro de quando éramos um, de quando nos partimos em dois, de quando eu ainda podia cuidar dos teus desejos. Teus desejos que se reuniam na minha presença. Sei que irias partir, mais cedo ou mais tarde, provavelmente bem tarde, depois de inúmeras perdas minúsculas à medida que o tempo passasse. Ou eu te diria esse adeus antes, na fé de que seria melhor assim, suportando a separação por ser minha a iniciativa, por ser meu o cansaço, a vontade de partir.

Mas, de que adiantam programas, projetos, pretensões, todas essas imaginações que se sobrepõem ao real, criando esse mosaico indefinível de sentimentos e desesperos? De que adianta a expectativa de tanto, se um mísero vento desarruma as folhas no chão do quintal, invade meu quarto sem pedir licença e sopra a organza das cortinas com violência e doçura, esse vento que agora me lembra da vontade de desaparecer entre os móveis do quarto, quase da mesma forma como você fez, deixando sua lembrança perdida nos cantos, apenas pelo berço vazio que insiste em me chamar pra perto, apenas pelas manchas nos panos de prato, apenas nos poucos detalhes seus que ficaram na casa, com medo de que eu gritasse muito ou quebrasse coisas?

De que me adiantam esses projetos, programas, previsões e futuros? Agora eu te procuro entre minhas próprias esperas, te busco onde não há mais nada a encontrar, te descubro esperando novamente tua boca no meu seio, o conforto para minha falta de razões, tua mão a tatear minha pele. Peço às sombras do lampadário que me mostrem teus contornos, quero que a violência do vento me leve feito folha seca num rodopio suave ao imponderável.

Espero aqui, nessa cadeira onde me deixaram, e balanço para frente e para trás, suave e contínua, sem me dar conta do tempo, olhando a tarde que desce na janela, reticente, nesse recorte de luz que se despede aos poucos do horizonte, espero meu último remédio para esquecer.

passaporte, passaporto
carlos briganti

Passaporto é a combinação de *passare* e *porto*. *Passare* é o verbo que significa o ato de locomover-se atravessando, sair de um local para atingir outro. *Porto*, a paragem natural apropriada que resguarda a vida humana das indomáveis águas. Um local seguro onde aportam os homens que chegam de algum lugar.

A Itália exportou milhares de filhos mundo afora, uma das razões: tentar equilibrar sua economia pobre. Por sob a lâmina fria da economia, os dramas da existência marcaram as almas destes expatriados em massa.

Os campesinos, *contadini*, as vítimas primeiras. Impedidos de continuarem nas terras que nasceram, ejetados através dos portos napolitanos ou genoveses. Ninguém emigra por vontade própria.

Somos descendentes desses emigrantes. Aqui portaram carregando consigo as sementes das histórias que frutificaram. O Congresso italiano nos finais do século passado pro-mulgou a lei que autorizava aos descendentes dos expurgados o reconhecimento, ainda que tardio, da cidadania perdida.

Os descendentes da emigração foram educados sob os dogmas sagrados da civilização e cultura italiana. Viveram em guetos como nosso amado Bixiga. Nestes, aqueles que conseguiram escapar das senzalas se erradicavam. Memória necessária: os *contadini* de 1900 vieram substituir a mão escrava de nossos irmãos africanos e seus descendentes.

Aqueles que cruzaram os mares nos porões dos navios negreiros-contadini foram os oprimidos pelo analfabetismo, pelas mãos dos latifúndios, pela política de exclusão, instrumento de um Estado emigratório. Os pobres camponeses que perdiam para sempre o direito do retorno. Perdiam a cidadania. *Porca miséria!*

Sim, o passaporte aos descendentes deveria ser doado a todos aqueles que tivessem sobrenome italiano. Seria o mínimo, um gesto de desagravo por um holocausto de almas e dores; possível, uma vez que apagar a dor é impossível.

Hoje, cem anos depois, frente ao *Consolato Generale d'Italia* em São Paulo, multidões em filas diárias desde as madrugadas frias, na chuva ou no sol. Os descendentes exigem o reconhecimento de si. Querem a consciência de si mesmos. Querem levar aos túmulos dos antepassados o retorno permitido.

Hoje, com mais de sessenta anos de idade, recordo com nostalgia e saudades as festas das famílias italianas do velho gueto. A sanfona surgia, *Santa Luzia* nas bocas ardentes de paixão, *O Sole mio* e *Torna* produziam lágrimas nas mãos calejadas. No colo da *mamma* sentia algo forte e dolorido que um dia compreendi ser a *manincolia*. Os velhos em chapéus pretos retiravam do bolso os lenços brancos, enxugavam perdas. Alguém empu-nhava o pandeiro e a *Tarantella* arrancava a fórceps as dores do desterro.

Todos partem pensando em voltar. Os descendentes casaram com brasileiros de todas as raças, credos e cores. Raros os que tentariam morar em qualquer outro local, sempre é bom recordar, que ainda está inscrito nas carnes o significado de ser emigrante. Aqui *carcamanos* e na Itália *brasiliani*. Saravá! Amém!

Queremos o *passaporto* para entrar com nossos amados defuntos, que habitam nossas almas, pela porta de entrada que um dia foi saída obrigatória. Queremos as raízes, pois sabemos que sem elas, por maior que sejam as copas, as árvores tombam. Queremos a memória, pois sabemos o que significa a amnésia.

Não podemos repassar aos filhos, aos netos, que pertencemos ao nada, ou que viemos por livre e espontânea vontade a esta maravilhosa terra brasileira. Não nos alicerçamos sobre o vazio. Aqui nos alimentamos, crescemos, amamos, vivemos com dignidade. Não temos rancor, muito menos mágoa ou *manincolia*. Amamos nossa *vecchia* e eterna Itália, transmitida pelos antepassados em seus trabalhos de artesãos, católicos, família e dignidade.

Hoje, optamos de coração pelo Brasil para vivermos e morarmos. Com o direito ao *passaporto*, os antepassados que carregamos em nossas vidas, finalmente, adquiriram o direito de escolher seu porto, seu destino, em liberdade. *Passare, Porto.*

Em nome deles, Amém.

litoral e sertão
fernando carneiro

No litoral da minha imaginação existe uma cabana de sapé à beira da areia onde reside um artista promotor dos humores do mar. Se nos vimos dez vezes foi muito, no entanto sempre que estamos a sós ele é falante e extrovertido, o que ele alega não ser no dia-a-dia. Seus dedos calejados e as unhas carcomidas pela metade impressionam, mas não há nada a vista que justifique esta condição. Digo que ele é artista, escultor ou ceramista, mas nunca tive provas de seu trabalho, algo que ele se exime de comentar. O que ele diz sempre é ser fruto da minha melhor matéria-prima. Não se cansa de elogiar minha genialidade e generosidade em capacitá-lo a imaginar tudo ao seu redor. "Tenho você como um filho", diz ele, despreparado para o som da declaração e as lágrimas consequentes.

Ele não mais estala os dedos ou exala mau hálito como imaginei. Seus detalhes desaparecem à medida que se dedica tempo a ele. Sua presença também me esvazia de opi-niões, invejas e do pavor de vidas desfantasiadas. Você o ouve e deixa de estranhar a ausência de sons fora da cabana; corujas, cigarras, cães, ondas, nada. O ar é escasso e rouba suor do meu corpo com violência. O homem, por sua vez, já aprendeu a respirar menos e a reter o suor.

"Você quer jogar cartas?", ele pergunta.

"Eu não sei jogar."

"Como não sabe? Eu sei jogar quase tudo."

"Eu sei."

"É claro que sabe. É difícil compreendê-lo. Você é estranho, muito estranho."

Pergunta depois por que eu sempre o visito de sapatos e calça comprida. Sem resposta, seu olhar me enlaça na esperança de expurgar qualquer dessemelhança entre nós. Então aponta para a janela, me forçando a contemplar, juntos, o mar.

"Nos dias chuvosos, saio à praia apenas para o mar não se sentir tão só, afinal não é da sua natureza o isolamento", ele diz, agitando as pernas. "Quando o mar fica cinza ninguém do vilarejo se aproxima. Sinto falta de companhia, alguém para jogar cartas. O que mais me estranha é por que eles têm tanto medo de mim."

Ele segue:

"Olhe para o mar, ele pode ter suas panes de confiança, mas nunca deixa de exaltar seu sal, seu suor, suas ideologias, tremedeiras, devaneios e desilusões, idade e zodíaco, seu coração na espera, seu coração no gozo, sua viscosidade, surdez, cegueira, destino, e seu amor em amar a si mesmo. Não poderia ser de outra forma, visto que é minha melhor obra".

Quando me vê mais à vontade, resolve falar do irmão como se fosse um assunto corriqueiro. "Ele não é como nós. Escolheu o sertão por conhecer o faro de sua imaginação. É ardiloso, consegue fazer você acreditar que o sertão é estéril, desinteressante. Não o procure, ele não quer sua presença, às vezes me correspondo com ele, ele não vai sair de sua toca, contenta-se com a ordem vigente, subordinada a seu anonimato."

Depois me diz para ficar tranquilo, que o tem sob vigilância, sem aliviar a pressão dos olhos sobre mim.

Tenho sede, muita sede. Noto não haver portas na cabana.

enroladinhos literários do boteco da D. Rosita
bia del picchia

- Um pedaço de bolo – aquele ali, de chocolate – e um café, por favor. Trânsito infernal.

O homem bateu os nós dos dedos no balcão, nervoso. Aos poucos, foi se acalmando. Deu uma olhada na nossa turma encostada na ponta do balcão, pegou a xícara e o bolo, e levou tudo para a mesinha do fundo.

Acontece que essa mesa era a preferida de um bando de escritores que costumava trocar umas ideias no café. Não se contentando em falar, depois de algum tempo eles começaram a escrever em pequenos papéis, que enrolavam como canudinhos e enfiavam numa cesta de vime.

Chamaram esses contos escritos no café de Enroladinhos Literários.

Ninguém se interessou por eles, até que, naquela fatal quarta-feira, esse sujeito nervo-sinho desenrolou um... Bom, o que aconteceu daqui para frente me foi contado por um dos sobreviventes.

O fato é que esse homem sentou-se, viu a cesta em cima da mesa e puxou um enroladinho. Desenrolou, leu. Era um conto sobre uma briga de casal. Ele pegou outro, cujo tema era um assassinato. O terceiro, sobre um velório. Aparentemente era uma sequência. Pediu mais um café e puxou outro enroladinho.

Era uma história sobre um sujeito estressado que entra num bar, pede um bolo e um café, vai para a mesa dos fundos e puxa de uma cesta um papel enroladinho. Nele há um pequeno conto sobre uma briga de casal. Imediatamente pega outro, cuja história é sobre um assassinato. O seguinte seria sobre um velório?

Estava nesse ponto, quando outro homem entrou no salão, pediu um refrigerante, e examinou a sala. Viu que um sujeito mexia nuns papéis enroladinhos na mesa dos fundos. Puxava de uma cesta, desenrolava, lia, tirava outro. Um monte de papéis parcialmente desenrolados pousavam lado a lado.

Ele se aproximou da mesa, curioso, copo na mão. O primeiro homem nem reparou nele. Sendo assim, esse segundo homem puxou um enroladinho.

Era um pequeno conto sobre uma briga de casal. Pegou outro, sobre um assassinato. O seguinte, velório. O próximo era a história de um sujeito que entra num café, senta numa mesa dos fundos e puxa de uma cesta um papel enroladinho. Nele há um conto sobre uma briga de casal. Pega outro, sobre um assassinato. O seguinte era sobre velório, a outra sobre um homem que, num café, lê histórias escritas em papéis enroladinhos, a próxima sobre outro homem que entra no café, vê o primeiro homem desenrolando papeizinhos e se aproxima para ver o que é; a outra era sobre dois homens que estão lendo histórias impressas em papéis enroladinhos.

E aí chegou um terceiro freguês, que viu na mesa dos fundos dois homens lendo uns papéis enroladinhos. Pediu uma cerveja e se aproximou da mesa, curioso.

só assim ela diz o que não poderia dizer
maria esther sammarone

Primeiro, ela andava com as partituras do pai pela casa como se fossem folhas de gibi. Ana Beatriz. Carregava no nome o alfabeto inteiro, façanha que tinha descoberto sozinha. Circulava pelo casarão com as pautas aos montes, meio amassadas, com as pontas viradas, às vezes, até sujas. Lia por tantas vezes aqueles símbolos que pareciam contar histó-rias diferentes a cada releitura. Como nem sabia ler, sei lá, acho que ficava observando as grafias.

Ninguém entendia bem aquela menina. Era filha única e as funcionárias da casa achavam que ela tinha algum problema de desconexão. Tarde da noite, quando o pai tocava os nervos e extravasava os dedos nas teclas do piano de cauda, ela sentava na traseira da lombada do instrumento. Pressionava a cabeça contra a madeira vermelha para sentir a vibração das cordas que faziam cócegas nas orelhas. Ouvia x. Ouvia mil. Ouvia e fluía pelo espaço sem fim. Mas, esta sensação de estrela durou pouco. Até que o pai um dia pegou duas malas e um punhado de desilusão e se mandou num táxi capenga. Daí em diante, o piano de cauda se tornou assunto proibido.

Ficou como andarilha, hóspede naquele casarão de frente antiga. Não convém dizer o nome da rua, cidade ou planeta onde Ana Beatriz vivia. Afinal, mesmo que fosse ali, ali não seria. Anos depois, mexendo nas coisas da mãe – em busca de bombinha para encher os pneus da bicicleta – encontrou um livro que lhe despertou uma onda de interesse. Era uma encadernação grossa, capa dura, dessas que a mãe traduzia. Traduzia? As páginas grafadas de forma circular tinham muitas letras "H", algumas vezes antecedidas por "T", a maioria finalizada por "N". Era um bando de palavras fervilhantes com significantes que só existiam na cabeça dela. Esqueceu do passeio de bicicleta no parque e correu para o quarto. Sentou-se no alto da bicama, como preferia – mais perto do céu – e deleitou-se lendo cada palavra com sons que livremente saíam de sua boca de menina. Já conhecia aqueles vocábulos dos seus sonhos, das suas viagens pelo espaço sideral. Para algumas expressões, imaginava velas acesas, e para outras, imaginava objetos com cinco di-mensões. Contribuiu com centenas de significantes para o mundo inteligível de Platão. Quando descobriu que o "TH" tinha som de "F" atrapalhado pela língua, achou melhor ainda. Mas a mãe logo descobriu, e como era tradutora – e tinha mania de querer traduzir o mundo – achou melhor colocar a garota para fazer Línguas. Ana Beatriz tentou explicar que já tinha intimidade com as palavras e que a partir do som sabia o que estava sendo dito. E também: tinha um mundo gigante entre ela e as palavras que não desejava tradu-zir. Mas, não deu outra. Foi ser bilíngue a mando da mãe. E perdeu o prazer naqueles livros.

Um dia, anos depois, quando já estava cansada de usar sutiã e, às vezes, até se arriscava em sair sem ele, tomava banho de banheira. Mergulhava a cabeça na água até que se tampassem os ouvidos. Dava uma sensação de mundo estático, absorto, sem gravidade. Foi quando ouviu uma música no rádio em cima da pia. Do fundo do oceano daquela banheira verde, notou uma voz macia e feminina que cantava palavras tão intensas que há muito tempo não ouvia. As palavras vinham meio distorcidas pela água borbulhando nas orelhas. Se antes lhe faziam cócegas, se antes lhe fomentavam ideias criativas, agora lhe pestanejavam a barriga, corriam as pernas, as costas. As palavras tinham crescido com ela. De primeira, Ana Beatriz acompanhou a canção que escorregava em "R" e pedia bicos. Ela gostou, achou sensual e sentiu o que aquelas palavras eram. Tinha palavra que era difícil sair da boca dela. Pronto, naquelas frases sem começo nem fim, toda aquela ousadia estava dita.

Cantou as experiências de amor que desejava viver. Relatou as histórias que teve. Naquela língua aparentemente incompreendida. Que seja. Mas, falou alto os seus medos, sofrimentos e desejos.

As palavras diziam exatamente os conteúdos que ela não poderia dizer. Sentiu uma liberdade e tanto.

E foi então que o povo entendeu. Que ela não era "assim" louca. Era somente louca pelas palavras, pelos textos. Sem eles, sentia que a sua existência era finita. Por isso, quando deixasse de existir, sonhava em virar uma explosão de letras.

Imagine nos dias seguintes, quando descobriu que aquela era uma estação étnica com músicas do mundo inteiro. E lá se foram as palavras duras, e depois as sussurradas, e depois as ardidas, e depois as embaladas, e depois...

les mots! | fernando ricci

bolhas de calor
fernando carneiro

Ângelo Grillo parou sua Land Rover de dois mil, cento e quinze quilômetros rodados no sinal da Rua Augusta com a Alameda Tietê para morrer. Puxou o freio de mão e removeu os óculos escuros. Consciente de que já havia perdido a capacidade de transpirar e reco-nhecer notas fora da oitava mais grave, também desligou o som e o ar condicionado.

Era um dia predominantemente azul esverdeado, com pássaros em fios de alta tensão e em galhos mais altos, e água apenas em canos e reservatórios. O calor eram bolhas transparentes que estouravam antes de se colidirem.

Formou-se uma longa fila de veículos atrás de Ângelo, pessoas que almoçariam mais tarde ou perderiam a fome. O sinal chaveava de vermelho a verde segundo o tique-taque de um relê. Os motoristas dos carros que acompanhavam o sinal urravam, buzinavam e gesticulavam silenciosos. Pedestres se confraternizavam para palpitar sobre o que estava ocorrendo. Mães puseram seus filhos no colo. Chegou a polícia. Cercaram a Land Rover com cones. Chegou a imprensa. Câmeras nos ombros. Microfones nos punhos. Chegaram os helicópteros. O CET manejava o trânsito, primeiro descia uma leva, depois subia uma outra.

Mais funções começaram a se esvair, a audição de sons internos, a cognição de cores secundárias, o movimento rotacional do pulso, o piscar dos olhos, os sorrisos amargos, o franzimento da testa, a ânsia de entortar o nariz, a noção de trigonometria, o raciocínio matemático, os pensamentos coerentes, as saudades de encantamentos fugazes, as memórias recorrentes, formigamentos e arrepios; depois faliu o rim, faliu o fígado, faliu o intestino delgado; as glândulas pararam de receber e transmitir qualquer lampejo de emoção, a respiração não filtrava mais nada, o coração deixou de chiar, então Ângelo perdeu a visão microscópica, sobrou-lhe o azul do ciano celeste, as bolhas estourando cada vez mais cedo, cada vez menores, cada vez menos quentes.

historieta
lu gross

Durante meses, seu principal - e único - pensamento era aquela figura estonteante que conhecera sem querer. Passou a viver para ela, por ela. Pela lembrança.

Um dia, olhou ao seu redor e não gostou. Largou o emprego, vendeu a casa enorme em que vivia sozinho, jogou fora a agenda, pegou o carro e foi viajar.

Rodou o mundo, conheceu as mais diferentes culturas, praias, paisagens, montanhas. Pessoas e pessoas: hippies, músicos, mendigos, drogados, *playboys*, milionários. Teve as mulheres que desejou, aos montes.

Entretanto - para seu desespero -, não importava estar diante das águas transparentes do Pacífico ou visitar o Taj Mahal. Toda manhã, ou na hora de dormir, depois do Sol se pôr, seu pensamento voava para uma pracinha perdida em meio a uma cidade de concreto.

Pracinha, essa cada dia mais distante, e cada dia mais presente.

Mas a vida continuou e o dinheiro acabou. A lembrança da pracinha tratou de se esconder nas curvas do coração, muito mais por sobrevivência do que por esquecimento, e ali adormeceu.

Voltou para a vida certinha, sem imprevistos, civilizada. Arrumou uma noiva, trabalhou, comprou o melhor carro, frequentava a alta sociedade. Já não era mais jovem, pensava a cada manhã olhando a vida passar pela janela do escritório.

Segunda-feira. Acordou, para variar, com o pé esquerdo: discussões no trânsito, em casa, no trabalho. Andava apressado pela Paulista, não olhava para nada, ninguém. Trombou com uma senhora, um cachorro, uma garota.

Foi se desculpar quando deparou com olhos vidrados.
Era ela.

Seus amigos nunca mais o viram. ∷

o espelho
rogério duarte

Outrora eu era daqui,
E hoje regresso estrangeiro,
Forasteiro do que vejo e ouço,
Velho de mim.
Já vi tudo, ainda o que nunca vi,
Nem o que nunca verei.
Eu reinei no que nunca fui.

Do Livro do Desassossego, de Fernando Pessoa

Olhei no espelho e não me reconheci. Talvez você não acredite; dirá que eu estava bêbado, bem me conhece. Não era. Aquele que estava ali não era eu, não tinha história.

Olha, não minto: até gostei, porque era uma forma de me deixar pra trás, como se os erros eu não tivesse cometido. Pensei que todo o passado era filme, ficção, bobagem ou história de alguém com quem eu conversava. Não, não diga que era arrogância minha, que é chique, isso ou aquilo, contar uma história de medo: o outro me sorria, e eu não sabia quem era! Como se fosse um outro muito meu amigo que não via fazia tempo.

É claro que me senti forte! Tinha girado o contador do tempo, realizava o sonho dos velhos: "Ah, se eu tivesse a tua idade com a minha experiência...". Toquei o rosto do não - Eu e era outro: rugosidades de antes nunca haviam sumido, tudo puro, tudo eu sem mim, fenda infinita do que fui, mas não tinha mais vivido. Digo assim: se olhasse minha mão, as riscas teriam mudado de lugar. Lá fora – eu estava no banheiro, ela me esperava – a música parecia mais fresca. Tá, já sei que você vai dizer que eu tenho mania de achar que quando a música toca é pra mim, fez sol porque eu viajei, mas era mesmo! Ouvi a canção como se fosse nova. Bem entendido, eu sabia que ela existia, mas não era aquela que eu tinha ouvido, era outra, como eu.

Depois, amedrontei-me: "E se falo que não sou mais eu?". A sensação não era nova, já disse que não minto, mas eu achava que era déjà vu sempre que sentia, e o pior:

quando passava, era como se fosse a mesma coisa do jeito oposto; eu achava que não tinha me sentido outro, parecia que eu tinha sonhado aquilo e que o Eu-outro não era mais eu mesmo. E vai explicar? Problema era que eu estava ali outro, dizendo ao mesmo que não dava pra ficar assim: ou voltava novo e mudava de vida – porque não tinha mais que querer – ou voltava o de antes e ficava assim como aqui estou, te contando esta história.

Podia ser espírito que me tomava, ou loucura mesmo. Minha família frequentava a missa aos domingos e ia ao terreiro às sextas. E agora, se fosse Belzebu, Zepilintra, Tranca-rua, Pombagira que vinha pra me pegar?

Não que eu tema: é problema se a entidade quer te tomar e você não quer; vê as estranhas coisas, não dorme de vozes, fica desmaiando na frente de imagem. Brinquei a brincadeira do copo um dia: explodiu, cara! Voou dali da mesa, depois de um sim dito a uma menina que perguntava da morte do pai e espatifou na parede. Mas aí parei, preferi pensar na loucura do outro que ainda me olhava.

Pior é que eu ficava sorrindo e dizendo as coisas que a gente vê no filme, de frente por espelho, em inglês: *You are... You are...* galã assim, sacana, engrossando a voz pra ver se parecia mafioso ou vilão do cinema. (Eu achava assim ridículo, mas – essa parte eu gostava – eu não controlava porque não era eu!). Depois ria alto, mas não dizia, no meio da gargalhada, "é fogo!", mas "yeah!". Americanidades...

Aí eu vi os olhos. Tinham não sei quê, pareciam mais não meus do que tudo. Assustei, porque – isso não te falei antes – mesmo que eu não me parecesse naquela outra minha versão, ainda tinha um traço meu numa ou outra coisa (a boca, por exemplo). Os olhos não, tinham jeito de braseiro que tudo ou qualquer coisa ou outra queimava, mesmo eu parecia que ia consumido por eles, devorador de mim, até sobrar nada. Eram os olhos do diabo, e esse não era eu; se muito, era a tal parte ruim, escondida, que eu nem ninguém nunca viu.

Fechei-os. Ela me esperava lá fora e fui mesmo assim, sem saber se eu que chegava lá era aquele que tinha saído antes ou o outro que tanto me apavorava e fascinava, que hoje ainda me faz menos eu do que sou, mais outro do que nunca fui.

perdizes à noite | rodrigo richter

sinal fechado
tânia tiburzio

Por um segundo o pé tateia o limite da calçada - avenida, o vento no rosto, velocidade, vontade de se jogar: na pista, na vida, pra morte, pro alto, tudo. Nada a temer, nada a perder, vida se dissolvendo em sangue, carne, dor. Não mais estar, ser apenas lembrança que se esvazia nos outros, aos poucos, na mesma medida que os outros também se tornam lembranças. Passar como passam os carros, ônibus, como passa o metrô sob meus pés, como passam os anos. Por um segundo, gostaria de ver o que aconteceria se ultrapasse a linha, se tivesse coragem de me acabar no asfalto úmido. Teria meus erros perdoados? Teria o choro dos que me querem bem? Sentiriam nojo do corpo em pedaços estragando a paisagem, estragando a noite? Enlouqueço por um segundo, mas o instinto de sobrevivência animal grita e o pé volta tranquilamente para a calçada, segura. O sinal abre, atravesso a avenida, caminho pacificamente sobre a faixa branca que brilha ao encontro da luz.

milho
joão vereza

Eu gosto.
De enfiar a mão num monte de milho.

Na vendinha de seu Aubécio tinha que era cheio.
Lentilha, feijão, arroz, amendoim, feijão – agora daquele mais claro.

Os sacões de palha seca, vindos de longe, no lombo do burrico.
Coloridos, riquezas, grãos do arco-íris.

Mamãe pro balcão, cachaça pro pai, o resto descrito no papel pardo, café, toucinho, papel de bunda.

Eu perdido, o mercadão-labirinto, caminhando pelas torres de lata, as bolachas glacê, os xampus trancados de cadeado na vidreira.

O chão corrido de madeira murcha, frestinhas pro submundo escuro, o calção da porta apagado de tanto pisão.

E enfiava a mão no milho, dourado, milhões.

As duas, mergulhadas – era água de poço de tanto milho, no ar, as mãos casadas, irmãs, como dois passarinhos.

Tinha energia aquele milho, do chão e da terra, do super-herói voador, mexer era passe de mágica.

Grão duro, amarelo vivo, natural, o pontinho branco que nem unha, essa me olhando agora.

Era daquilo, do milho, do tato, disso aí que se diz do sensorial.

Gostei de muita coisa depois. Na vida hoje são mais poucas.
Até morrer vão ser menos, menos. 88

litoral norte é assim mesmo
cesar cruz

Era grande a movimentação na água, logo após a rebentação. Eu e minha mulher ficamos observando em silêncio, antevendo a tragédia. Na areia, pessoas se agrupavam. Parentes e amigos, supus. De repente, houve um agito entre os salva-vidas no bote, e foi possível ver o mergulhador subir e alavancar um corpo por sobre a borda da embarcação; quatro mãos e braços fortes o puxaram, e uma perna rija ficou apontando o céu enquanto a lancha saia da imobilidade com seu ronco característico e se encaminhava para a ponta da praia, perto de onde estávamos. Muito perto. As pessoas se levantaram de suas esteiras, mãos sobre os olhos para proteger do sol. A moça gorda ao nosso lado se colocou em pé dum salto repetindo para a senhora deitada que "Acharam o corpo, mãe, acharam o corpo do cara, mãe, olha lá, mãe!"; e as pessoas se precipitaram enlouquecidas, manada descontrolada, gnus acompanhando o bote, fazendo tremer o chão, jogando areia, quase passando uns sobre os outros, e nossa porção de manjuba, cervejas e cadeiras entornaram na areia pisoteados, pulamos para trás por um triz, arrancando nossa filha chorando da esteira a tempo; e agora os bombeiros puxavam o barco para a areia e o corpo duro deitaram logo ali, e a multidão já aglomerada, semovente, marchava em desacerto ao redor, cabeceando, faminta "Vem ver, Olavo!" e uma mulher arrastando dois meninos pelos braços com pressa para não perder nada, e frente à desgraça se formou uma assembleia compacta de gentes, intransponível, e os retardatários se acotovelando pelas melhores segundas posições, e os meninos rindo e gritando, "Vem ver, vem ver!", e um homem com um garotinho a cavalo vinha sorrindo também, atrasado, jegue galopando desajeitado, e quem demorou só mesmo na ponta dos pés ou por alguma fresta, alguns sobre cadeiras, as mãos sobre os ombros dos outros empurrando para baixo, e os xingos e as pequenas brigas, e as patas afoitas levantando nuvem e "Não empurra, ô maloqueiro!", mas nada tirava o foco da atração, e os bombeiros no centro, em pé ao lado do corpo, as mãos na cintura, parecia que não iam mesmo tentar nenhuma manobra de salvação, e de repente um instante de quietude se fez quando um homem perguntou algo e todos ouviram "Não adianta mais, uma hora na água", explicou o bombeiro, abrindo os braços, a expressão de impotência no rosto, "já está com rigidez cadavérica", completou, e todos viram que o morto já estava mesmo morto, rigidez cadavérica, as pessoas repetiam para trás, "rigidez cadavérica, credo!", e uns para os outros iam contando aquilo, e uma moça no celular ligava para a irmã em São Paulo e falava da novidade, enquanto da boca e nariz do rapaz, a cabeça arqueada, o cocoruto na areia, como quem suplica por ar, brotava uma espuma que escorria pela face, um antebraço ligeiramente erguido, a mão espalmada e os dedos em garra, testemunhas da luta travada, os olhos entreabertos, úmidos, como que com dó e dor, o corpo teso e magro, longo e negro, contrastando com a areia clara, vestindo apenas bermudas. "Mas para Jesus não há impossível" gritava uma mulher; "Nosso Senhor opera aqui agora a tua obra, Senhor-pai-todo-poderoso, em nome de Jesus, Pai, eu ordeno que tu ponhas as tuas mãos sobre esse rapaz!", rezava a outra mais velha do outro lado da roda, e choravam, e outros gritavam, e um policial fardado então chegou de botinas e autoridades afastando os curiosos com os braços abertos "Vamos dispersar, gente, as crianças não precisam ver isso!", ele repetia, e um que recuou com o menino no colo logo se aproximou pelo lado de lá, e um homem explicava para quem o olhasse que "Ainda agorinha, gente, ele estava vivo em pé bem ali, e disse pra tia dele que ia atravessar na-dando até lá naquela montanha, gente, e ele tava todo feliz da vida de ter vindo pra praia, que nós somos de Guarulhos, e viemos naquele ônibus azul ali na rua, e vocês vê agora essa desgraça, minha gente!", e enquanto isso os bombeiros já punham uma manta aluminizada sobre o morto, escondendo a agonia dos olhos abertos e a espuma seca no nariz; e o menino da barraca, ordenado pela mãe que fritava os peixes e as polentas, oferecia às pessoas reunidas na mureta junto aos coqueiros, cervejas e porções, que uns aceitavam e outros não; "Corre ver as coisas no guarda-sol que se não um malandro aproveita a confusão!", gritou a tia com o moleque que correu obedecer, e um outro grupo já ia se dispersando, falando do churrasco, de buscar carvão, e se ouviu um homem avisar que ia chover forte, e ficou mesmo escuro o céu logo depois, "Sol ardido que nem tava é chuva", dizia a velha, e agora ventava frio e o sol sumiu mesmo atrás de uma nuvem espessa. "Ô Pai, eu lhe peço em nome de Jesus que tu desças com teus anjos aqui e agora, que pro se-nhor não há o impossível, Senhor misericordioso!". "Vamos desmontar as coisas, Ênio, que vai cai pé-d'água!", disse a sogra ao genro; "O menino tá comendo areia, Odete, ô, Odete você não olha isso!", gritou o outro, e bebê sentado com as mãos metidas na boca sorria; e alguns já iam embora e outros chegavam lamentando o tempo que virou e pegou de azar quem não veio cedo pra praia "Aí, meu Deus, que é aquilo?", se espantou a mulher ao ver o alumínio ali, assim, no chão, e alguém se adiantou, porta-voz instantâneo, para dar o resumo da tragédia, e agora era uma nova plateia que se postava em volta do alumínio e "Eu vou levantar a pontinha pra ver a cara dele", disse um moleque pro outro, e tomou um chute na canela e os dois saíram correndo e rindo e pularam na água, "Que absurdo que não há respeito humano", bronqueou a velha crente que ordenava coisas a um Jesus que parecia não querer obedecer, e agora a chuva começava pra valer, as gotas gordas explodindo sobre os corpos quentes, vermelhos, e as pessoas se precipitando aos blocos para os carros e para debaixo dos guarda-sóis, e os gritinhos das meninas, e o quiosque lotou, "Desce mais cerveja!"; "Parece que não tinha nem vinte anos"; "Uma porção de calabresa e fritas, Rui!", e um dedo se ergueu pedindo caipirinha e um guaraná pro menino aqui, e um outro colocou a garotinha molhada sentada no balcão, "Bebe e vai pra água é isso que dá..." e a moça torceu de lado o cabelo enorme cheio d' água no pé das pessoas e "Bóra tomá um banho quente pra não constipar!", e a televisão dependurada mostrava os fantasmas da novela das duas horas e já se podia ver a areia escurecida, esburacada pela chuva que despejada grossa e barulhenta, e o vento frio fazendo sacudir as barracas e sensibilizar os corpos ardidos de sol que se abraçavam a si mesmos, e alguém comentou que parecia ser sete da noite e não duas da tarde, e um velho com cara de sapo e barriga enorme tranquilizava um casal aborrecido dizendo que logo, logo o sol voltaria, que litoral norte é assim mesmo. 88

quatro elementos | giuseppe schillaci

a busca
helga bevilacqua

Ontem, quando dei a última volta na chave para trancar a porta de casa, senti um arrepio estranho percorrer a espinha. Resisti por alguns minutos, achando que se tratava de alguma neurose instantânea. Tenho dessas de vez em quando, portanto simplesmente ignorei e chamei o elevador. Mas o incômodo persistiu: era como se algo beliscasse a minha memória.

Eu não sabia exatamente o que era. Então vasculhei os bolsos da bolsa e depois revistei os da calça. Mas, aparentemente, estava tudo no lugar: documentos, chaves, carteira, celular, agenda, filtro solar, remédios para dor de cabeça. Meu arsenal anti-tudo que carrego comigo diariamente.

A luz do elevador iluminou o *hall* e o rangido habitual da porta me convidou a entrar. Não tive coragem. Sabia que estava esquecendo algo. Algo que me parecia muito necessário.

Dei alguns passos para trás. Retrocedi. Eu estava atrasada. Mas e daí? Eu sempre estou, não é mesmo? Voltei à porta e rapidamente entrei em casa. Voei direto à gaveta de cal-cinhas. Escondo de tudo ali. Me escondo até de mim mesma. Revirei. Procurei. E nada...

Fui então ao canto do armário, onde fica amontoado o ferro e as roupas limpas. Olhei, pesquisei. Mas estava tudo no mesmo lugar. Minha bagunça organizada. Tateei a cama. Desarrumei ainda mais os lençóis. Joguei os travesseiros no chão. Tudo ali. No mesmo lugar. Corri para a última gaveta da cozinha. A espátula. A toalha tão pouco usada. Uma caixa de fósforos. Tudo igual. A única novidade era essa sensação de estar esquecendo alguma coisa. De ter perdido algo.

Fui à estante de livros. Com os dedos percorri os títulos, até que, involuntariamente, parei. "Felicidade" era o título onde meu dedo restava imóvel. E sobre ele eu já não tinha nenhuma vontade. Onde é que eu havia esquecido mesmo?

Procurei a felicidade então nas gavetas. As tantas outras por onde não havia estado. E depois nos armários. E até no pó, que eu não imaginava que era tanto, embaixo da cama. Procurei felicidade na euforia, esta que vem de qualquer coisa, de qualquer momento. E, por um segundo, achei que ela estava ali, palpável, em algum riso.

Procurei felicidade em lugares. Em empregos perfeitos. Em chefes perfeitos. Em homens perfeitos. Na família perfeita. Que eu nunca encontrei. E procurei felicidade em amores. Inclusive, aqueles que eu imaginei. Procurei felicidade na serotonina do meu chocolate. Nas minhas incontáveis doses de cafeína. Na endorfina conquistada depois de corridos os meus cinco quilômetros muito bem suados. Procurei felicidade nas rodas da minha bicicleta. No divã dos meus terapeutas. Nos gostos que o mundo pode ter. Nos cheiros. Procurei felicidade na saudade. No fundo da bolsa. No fundo do bolso. No fundo do túnel. No escuro.

Procurei felicidade em um corpo perfeito. Em cílios curvados e uma pele impecavelmente sem espinhas e sardas. Procurei felicidade além dos meus poucos seios. Além dos meus fartos quadris. Além do que eu tenho de feio e não resiste a nenhum parâmetro de beleza. Procurei felicidade no que evito. Procurei felicidade em receitas, em dietas, em mandingas.

Procurei felicidade entre moedas. Na multiplicação das invariáveis da economia. Na poupança. No décimo terceiro. E em liquidações.

E procurei felicidade pelos cantos. Até mesmo aquele que você me deu, para eu ficar te esperando. Procurei felicidade nas fotografias. Nos amigos que se foram. No pôr-do-sol. Incansavelmente eu procurei felicidade nos teus olhos. Na tua música.

E procurei felicidade nas asas do avião que me levava distante para qualquer lugar. Procurei. Farejei. Mapeei. Desvendei. Eu procurei felicidade no prazer. No silêncio. No barulho. No tango. No samba. No jazz... Eu procurei felicidade num orgasmo. Numa catarse. E numa epifania.

Eu procurei. E revirei. E procurei mais.

Eu procurei felicidade nas garantias. Na imobilidade. Nas certezas. Até as que eu construí, com fragilidade de verdades imperfeitas. E procurei felicidade sobre o que era imóvel, pouco dinâmico e instável.

Eu procurei felicidade no mapa. No Google. Na lista telefônica. E na coleção da Barsa.

Eu procurei felicidade na dor. E depois na farmácia. Eu procurei felicidade nas ruas, nas esquinas, nas bibliotecas. E procurei até em alguns livros de direito.

Eu procurei felicidade na bagunça e também na organização. Mas eu não sou nada disso.

Eu procurei felicidade. Com todas as minhas forças.

E me cansei.

Deixei a casa bagunçada. Travei novamente a porta. A luz do elevador iluminou o *hall*. Como sempre o seu rangido habitual me convidou a entrar. Abri a porta. Entrei. Desci. Tirei o tênis. Depois a meia. E saí.

Quero a felicidade que se pisa com os pés.

luz da discórdia | mateus silva

para sempre nunca mais
flavia melissa

Olhou para o banquinho de madeira mais uma vez. Ele parecia tão pequeno. Tantas vezes havia colocado os diminutos pés naquela superfície lisa e brilhante, bracinhos erguidos para o alto, peito estufado e olhos fechados, nos mágicos momentos que antecediam a salva de palmas: "Bravo, bravo!", eles costumavam gritar. Eles, os Grandes. As pessoas que nunca seriam capazes de enxergar o mundo através de seus olhos. Através dos ângulos do Menor Homem do Mundo, que se apresentava mostrando peripécias impossíveis para aqueles que enxergavam a vida das alturas. Para sempre, nunca mais.

Há muito tempo, Jacinto descobrira que nunca seria como os outros, para sempre observando os pequenos detalhes de tudo o que havia, mas nunca um todo. Teria sido este seu erro? Não ter percebido que o todo era bem mais do que a simples soma de suas minúsculas partes?

Desde muito novo havia se acostumado a enxergar o mundo de baixo para cima. De todos os cinco irmãos, apenas ele era diminuto. Em contrapartida, era capaz de fazer coisas que os irmãos não conseguiam. Seu corpo possuía uma flexibilidade imensa e ele conseguia facilmente colocar os pés atrás do pescoço e sair caminhando apoiado sobre as mãos. Seus estranhos hábitos garantiram-lhe a fama de "esquisito", que ele não fazia questão de combater; se teria aquele tamanho para sempre, ao menos seria notado pelo que apenas ele podia fazer.

Logo ficou claro que Jacinto não continuaria a frequentar a escola - durante o recreio gostava de testar suas invenções no meio do pátio, causando bafafá entre os estudantes e mal-estar nas professoras. Ao deixar pela última vez o lugar no qual havia aprendido sobre as diferenças, da forma mais cruel possível, ouviu de uma das professoras: "Que se junte a um circo e desapareça daqui! É uma aberração, não pode continuar se exibindo desta forma, como se fosse normal ou belo!".

Foi uma feliz coincidência quando, enquanto caminhava sobre as mãos com os pés apoiados na cabeça pela rua, acabou passando com o nariz a centímetros de distância de um panfleto cujos dizeres chamaram instantaneamente sua atenção: "O Fantástico Circo e seus Homens Extraordinários!". Um sorriso brotou em seu rosto:

lá estavam todos eles, pelos quais havia esperado sua vida inteira: A Mulher Barbada, O Homem Peixe e o Maior do Mundo, pessoas extraordinárias como ele!

A apresentação foi no final de semana seguinte, em uma cidade vizinha. Cores, música, risos, glamour; crianças sorridentes comendo pipoca, tudo em função do circo! Logo após o término do espetáculo procurou o proprietário, que logo exclamou: "Vejam isso!", chamando a atenção das Gêmeas Siamesas, a poucos metros de distância. "Que pézinhos diminutos, mãozinhas minúsculas, cabecinha em miniatura!". "Oh! Não nos espantaria se fosse o menor homem do mundo!", disseram elas, proferindo aquele que se tornaria seu nome artístico.

Em pouco tempo, Jacinto se transformou na principal atração do circo, ganhando para as apresentações um elegante conjunto de calça social, fraque e suspensório em tecido preto risca-de-giz. Todas as noites o espetáculo se repetia: ao rufar dos tambores, Jacinto se posicionava atrás da grande e pesada cortina de veludo, subia em seu banquinho de madeira e aguardava a abertura da cortina. "Ohhhh...!" ele ouvia, ainda de olhos fechados, para logo se lançar na longa e trabalhosa coreografia em que exibia seus dotes naturais. Não havia quem não se questionasse: como seria enxergar o mundo de altura tão ínfima, utilizar a flexibilidade do corpo daquela forma?

Com o circo ele viajara o mundo, conhecera mulheres ansiosas em experimentar de seu pequeno corpo. Fôra a festas, bebêra champanhes, vivenciara glória imensurável. Com o circo havia sido feliz. Cada um ali tinha seus sabores e dissabores: a Mulher Barbada e sua dificuldade em encontrar um namorado, as Gêmeas Siamesas que nunca estavam satisfeitas em função de opções sexuais divergentes, o Maior Homem do Mundo que vivia às voltas com um terrível torcicolo. Cada um ali possuía suas dores e alegrias por ser diferente, mas viviam do que havia de melhor em si. Ali encontrara sua verdadeira família.

Até Ele, odiado Ele, aparecer, ousando ser ainda menor. Ele, desgraçado Ele, roubando não apenas o posto de O Menor Homem do Mundo, mas também seus *smokings* e suspensórios risca-de-giz, que tiveram de ser ajustados por serem grandes demais. Ele, invejado Ele, que transformara Jacinto em O Segundo Menor. E que agora jazia morto ao seu lado, rostinho arroxeado característico da morte por asfixia, cujo o pequeno pescoço Jacinto havia apertado entre as mãozinhas. Ele, que havia proporcionado a Jacinto, pela primeira e única vez, a sensação de olhar para alguém de cima para baixo. E havia sido justamente esta a sensação que ele jamais conseguiria suportar: a sensação de ser Maior.

Encarou o banquinho pela última vez, olhos marejados de lágrimas, corda presa ao pescoço. Olhou para O Menor Homem do Mundo, que assim o seria para sempre, vivo ou morto. E ele também seria, por toda a eternidade, o Segundo Menor.

Relembrou as palavras de seu bilhete suicida: "Deixo o único bem que me pertence, meu banquinho, para o senhor proprietário do circo, com meus votos de que não demore muito tempo para encontrar alguém, com perdão do trocadilho, à minha altura. Que escrevam em meu epitáfio: 'Aqui jaz o anão Jacinto A. Glória, para quem um único centímetro foi o suficiente'".

Respirou fundo. Graciosamente subiu no banquinho, ergueu os bracinhos para o alto, estufando o peito, de olhos fechados. Quando empurrou o banquinho para o lado, desequilibrando-se, foi com um sorriso nos lábios que se sentiu cair em um abismo profundo.

GUDO
©william tôkis
tokis-art.com

o amor na estante
mariana portela

A madrugada em solitude se apodera de mim como se não fosse uma estrangeira a invadir os aposentos. Eu a aceito, na feliz condição de quem está no caminho dessa entidade – incompreendida e sobranceira. Já desisti, há muito, de ousar traduzi-la, transpô-la ao cognoscível que sustenta o espírito racional da humanidade.

É no maior dos silêncios que me chegam as palavras. Capturadas de páginas inconclusas ou exigidas de uma memória da qual sou totalmente impotente, elas me cruzam em suas trajetórias irregulares e tardias, translúcidas e calmas.

Que seria de mim se não fossem esses empilhados de papéis nessa hora tão perigosa? Em que umbral me encontraria se não houvesse a existência mágica dos livros na minha jornada? Seres que me permitem inclinar-me aos penhascos, para ao menos retrair o coração, submisso, e admirar o inefável ontológico dos abismos.

Amo-os como jamais fui capaz de mensurar. A casca, capa, o invólucro já me são manifestações do pré-amor. Ah, quantos amores são como os livros! Não! Os meus amores todos são livros.

Há os que dão saudades dos personagens e dos quais não me canso de recordar a felicidade extraordinária que proporcionaram suas epifanias brilhantes (e não efêmeras). Quantas lágrimas fugiram de mim, nas últimas linhas... Como sofri, aprendi e temi aquele fim, porque o fim é sempre inevitável.

Quantos livros não descartei nas primeiras folhas: ora por serem ininteligíveis na época, ora por carregarem uma prepotência insustentável. Um sorriso se encosta nos lábios ao trazer à tona alguns desses homens semi-analfabetos!

Houve também as histórias curtas, magras, fáceis de ler. Pouco foram sedimentadas dentro do corpo. Jamais traziam a finalidade de ser abrigo aos bustos construídos em minh'alma.

E mais tantos amores-aventuras que poderia mensurar. Quando se gruda o olho à letra, o pulso ao limite até o ponto final. E a invasão serena, mista de alegria e alívio.

Se eu pudesse encaixar os amores nos livros, haveria também os de autoajuda, com suas fórmulas piegas, a náusea de sua previsibilidade e simplórias senhas de felicidade. Também os clássicos, pedantes, flácidos, ensimesmados, mofados e taciturnos que a gente se obriga a ler na frustrante tentativa de pertencimento, de transbordar nos outros nossa biblioteca incorporada.

Sobrará algum livro imorredouro cá dentro, então? Com os olhos do pensamento apertados em nitidez, eis que surge minha resposta: a poesia é o meu único amor que não tem prazo. Porque ela invadiu as fronteiras dessa noite com todas as janelas escancaradas às possibilidades. Imortal, com a fulgurância comparável aos fogos de artifício, quando tenho o faiscante espírito em festa. Ela, que me tece em seus retalhos e me dá o sentido desvelado de continuar. Que aniquila o laconismo mundano do choro.

A oceânica poesia que me arrebata em segundos, alucina meus poros e me deixa cambiante. Única, retira-me da medonha sonambulia perambular da ignorância. Que joga a desesperança dos trilhos para longe de mim.

Esse foi o único de todos os meus amores que se perpetuou. O amor que me extrapola em lirismos e resplandeceres, sem nomeá-los de tal forma.

Poesia que conflui a soturnidade, a clareza e o mais débil contentamento em verso. És a derradeira permanência neste mundo.

breu
milena castino

- Espia, espia só. – disse ele, enquanto estendia as mãos em formato de concha na minha direção. Era tarde da noite, era interior de Minas Gerais e eu tinha certeza de que havia dormido, mas de repente me encontrava ali, no meio do mato, com aquele gurizinho pardo me estendendo as mãos em concha.

- Vai, espia só! Não machuca! – ele insistiu.

Foi então que me passou as mãos, como naquelas brincadeiras de passa anel, e me entregou o que quer que tenha sido. Não sabia o que sentir, afinal de contas, nem deveria estar acordada. Olhava em minha volta e só tinha um mato desses ralos, muitas flores, as montanhas em volta, tudo devidamente clareado pela lua cheia amarela, tão amarela que parecia fictícia. Os olhos de jabuticaba do guri pardo refletiam a Lua e ficavam amarelos também, assim como seu sorriso de dentes tortos e avantajados. Pés sujos, roupas rasgadas. Pensei que fosse índio, ou pelo menos descendente, tinha os olhos de jabuticaba puxados e nariz de negro. Como chamavam mesmo? Aprendi na escola e achei que nunca falaria essa palavra um dia: cafuzo. Confusa. Que diabos estava eu fazendo naquele breu iluminado por uma Lua amarela, com um cafuzinho me passando anel? Insistiu que eu abrisse uma brechinha só da minha mão. Não sentia nada dentro delas, nem cócegas. Também não tinha medo.

Os olhos do menino brilhavam como se aquilo fosse coisa especial, não coisa de dar medo. Abri uma brecha entre os dedos e olhei por eles. Não vi nada.

- Se tu não acreditar, não vai ver mesmo. Tem que ter fé na escuridão.

Aquelas palavras ecoavam na minha mente de uma forma muito louca, será que eu tinha bebido? Será que eu estava dopada, ou era tudo um sonho? Eu tinha que ter fé na escuridão e isso me fazia muito sentido, mas aquele cenário todo? E foi então que eu encontrei o momento, porque a gente sempre encontra o momento em que deve deixar de relutar e apenas ir sendo com as coisas, e deixar as coisas acontecerem. E foi nesse momento, quando ele me pediu pra ter fé na escuridão, que eu me deixei ir e parei de questionar. Já não importava mais o porquê de estar ali, já não importavam mais os meios. Desisti de entender e fechei os olhos. Senti o cheiro de mato da noite, uma leve brisa de dama-da-noite soprava de algum lugar. O guri pardo cheirava a terra, terra molhada, como se tivesse brotado dali naquele instante. Ele sorria o sorriso mais lindo que tinha pra me dar, e eu – eu não tinha percebido, mas mesmo com a Lua amarela, podia-se ver um milhão de estrelas. E por alguns instantes ficamos ali, eu e o guri, agachados e olhando e céu. Eu com a mão fechada em concha, guardando a mais preciosa coisa que não sabia.

E então ele me olhou de novo, desta vez sereno, com um sorriso leve e um olhar cheio.

- Agora é a hora. Vai. Acredita.

E eu então abri a mão bem devagarinho e, no começo, não havia nada. Depois foi surgindo um raio de luz verde, quase falha, relutante. E foi só quando abri a mão por inteiro que a luz se acendeu. Tão forte, perto daquele breu. Uma luz verde dessas raras, sabe? E eu não mais me perguntei o que havia de ser, pois que não havia mais sentido pra nada. Eu segurava a luz do mundo e era simples assim. Foi só quando a luz voou da minha mão e sumiu no breu do mato que o menino se levantou. Segurou meus ombros com mãos pesadas de quem já viveu por demais e me disse:

- A luz só existe pra quem acredita na escuridão. Se tu não aceitar que tá escuro, como é que vai enxergar a luz?

Então ele se levantou, o menino pardo de sorriso torto e olho de lua amarela. Saiu cami-nhando por entre o mato, e por cada fiapo de mato que ele passava, milhares de luzinhas subiam pro ar. Foi a cena mais linda que já na vida.

- E então? Vai ficar aí plantada feito mandioca, ou vai querer encontrar mais luz?

Eu não hesitei por um segundo, era muito óbvio, era muito simples. Estava escuro, e eu tinha que encontrar mais luz. 88

o gosto da identidade das coisas | mariana lacerda

cascuda
sandra schamas

...e asquerosa. Lá estava ela parada no cano da torneira da pia. Era grande, repugnante, a desgraçada, com antenas duas vezes seu tamanho tateando o cano enferrujado. Suas asas pardas se entreabriam e fechavam em um movimento lento e nojento, parecia que ia voar. Zé pegou a vassoura com uma mão, escorregou o pé para fora do chinelo e o empunhou como mais uma arma de defesa.

E a barata lá, só mexendo as antenas. Zé optou pelo chinelo, desferiu um golpe certeiro e a bicha caiu de costas na pia. Ficou imóvel por uns segundos, mas depois começou a mexer as pernas tentando se desvirar. Conseguiu! A chinelada não fez efeito e ela saiu lépida entrando atrás do quadrinho do Sagrado Coração de Jesus.

Zé largou a vassoura e foi procurar um inseticida. Derrubou tudo o que estava na prateleira, pegou o aerosol e mirou no quadro, apertando o pino como quem aperta o gatilho de uma arma assassina. O líquido formou uma névoa e depois escorreu pelo quadro. "Agora eu matei!", pensou ele.

Continuou sua rotina, limpou a sujeira, guardou a bagunça, lavou bem as mãos e disse bom dia a um freguês que acabava de entrar. Cafezinho carioca com espuma de leite, um copo de água sem gelo e um pão de queijo. Pão de queijo não tinha, foi pão de batata. Começaram a conversar sobre o calor, o trânsito, nada de mais. O sujeito era amável, e Zé, que estava gostando do papo, serviu a água e em seguida colocou no balcão o café e o pão em um pratinho. O freguês começou a fazer perguntas sobre a coleção de xícaras de café; Zé se distraiu e, quando bateu o olho no balcão, viu a baratona em cima do pão de batata. Putz grila! Ficou sem ação.

O freguês, que estava de costas, continuou falando. E agora? Cadê a vassoura? Estava longe. E o chinelo? Era a sua chance. Sorrindo fez uma espécie de reverência, pegou o chinelo e tacou na barata por cima do ombro do freguês. Ela fugiu de novo. Filha-duma-puta! E agora ele havia ficado mal com o simpático cliente que provavelmente jamais voltaria ao café.

sorriso fino
ana roman

Aguardou pacientemente. As folhas da samambaia deslizavam quase até o chão. A luz tocava veludo em cada coisa daquela enorme sala. Sua xícara de café esperava negras marcas sob a toalha de feltro. À noite, essa mulher, corpulenta, o vigiava da janela. Tudo o que ele fazia, tudo o que ele podia fazer, era esperar.

Talvez esperar as cadeiras se arrastando no chão. Talvez esperar que o cálice de qualquer coisa forte finalmente fizesse efeito. Esperar o dia? Talvez. Esperar calmamente, sem nenhum resquício da pressa que o outro teve ao sair.

Agora que o tempo escorria por entre seus dedos com a mesma aspereza da areia, percebeu que tinha perdido a conta. Era possível que tudo tivesse acontecido ontem, e então todas essas coisas o fitando, sem sentido, sem nome, fúteis coisas. Mas olhava para a foto amarelecendo, e pensava que deveria fazer mais tempo. Um ano, décadas. E os dois rindo um para o outro, sem nem saber por que, amarelando na janela.

A sala era grande demais, do tamanho de um mundo. Ele se movia como se dela fizesse parte. Suas coxas, lentas como a água (era a chuva, que nunca mais parou de cair). Seus olhos, adivinhando o lugar de cada coisa. As mãos, ainda desajeitadas, mesmo depois de tanto tempo.

Ele, que certa feita se chamara Rafael, de todas as vastas coisas que fazia, agora faz quase nada. Se alimenta exclusivamente de tomates, amoras e mangas. E quando come tomates gosta de mordê-los como um cão raivoso. Amoras, gosta de deixar escorrer seu sangue, pelas mãos, pela boca, pelo pescoço, pelo corpo inteiro até chegar no chão. Nos dias de manga, gosta de romper a pele delicadamente, separando a carne densa do caroço. Como um cirurgião, cheio de minúcias, sem nunca temer desfazer-se das desnecessidades do corpo.

Nesses efêmeros momentos, podia fingir ter nome, idade, gosto, textura. Podia fingir ter dentes para morder, e que eles ficavam dentro da sua boca. Podia fingir que os braços caiam ao longo do tronco, saídos do ombro em direção ao chão. Podia tentar enganar-se que, de fato, sua cabeça ficava exatamente oposta aos pés.

Quando se deixava surpreender pelo próprio corpo era quase como se risse novamente, brincadeiras tais como dedos navegadores descobrindo as pintas do outro. Mas então, se por acaso relembrava histórias assim, voltava ligeiro à sua desforma - todos os órgãos flutuando pela casa.

Tinha também a hora da noite virar dia. Catorze minutos que de tão bonitos, o devolviam temporário a ele. Foi num desses momentos que sorrateiramente entendeu o começo do fato. Pensou no outro, todos os detalhes, as pequenas delícias e as grandes dores. Começou no fim, era como um filme rebobinando. Via o outro através da janela, no mais longe do visível, voltando aos pouquinhos de marcha-ré. O viu entrando com um rosto sem nenhum amor. Ouviu o grito longo e profundo, como um lobo procurando a morte. Viu ele sentado com as mãos na cabeça, silencioso por dias. Viu a última briga. Viu todas as brigas até a primeira. Viu o amor demorado das pazes feitas. Também viu o amor violento, suas costas sangrando, seu rosto ardendo de gozo, como um lobo devorando sua presa. Viu histórias sendo lidas em voz alta. Ouviu canções de tanto tempo que deixaram seus olhos um pouco úmidos, como um lobo velho. Viu a primeira vez que ele ali entrou. Viu ele em outra sala, se afastando gradual de um beijo. Viu, e então tudo entendeu, o começo do começo de tudo, a ternura muito mais violenta que o adeus. Enquanto o outro se afastava, cada vez mais longe, o rosto sério aos poucos se desfazendo, desenhando aos poucos, bem lento, as bordas dos lábios, a mandíbula dançando, a pele esticando ali, relaxando aqui, viu o desenho criminoso, no meio da cara, o seu sorriso fino.

Pôs-se de pé e uivou para o nascer do dia. Deu espaço para o Sol subir e então ficou silencioso, como um lobo sábio. 88

água | cláudio manculi

museu dos amores perdidos
mariana portela

Enquanto o garçom deitava ao chão uma bandeja trovejante de pratos e cálices e restos, para eles o mundo não acontecia. Entre risadas inconfundíveis e tímidas carícias, o mundo não acontecia. Apesar do barulho, o mundo não acontecia. No cerne da futilidade pequeno-burguesa dos restaurantes dos Jardins, nada em torno fazia alarde àquele momento. E o amor era uma crase.

Os céus lhes sorriam e reverenciavam tudo o que não era dito. Mágicas como móbiles em berços, as estrelas salpicavam – uma a uma – a noite cúmplice. Existiram batidas policiais, assaltos à mão armada, fugas de adolescentes desesperados, porres, injúrias, traições ou suicídios?

Nada. O mundo não acontecia ali.

Contudo, a noite se esvaiu e o dia é muito perigoso para quem ama. As manhãs trazem as irregularidades no rosto, as maquiagens borradas, o hálito adormecido. Quando o planeta se ilumina e volta a pegar o ônibus, toda a magia se dissolve em gélidas neblinas.

Eu tenho testemunhado a morte do amor em cada uma de minhas gavetas. Mesmo para os corajosos, que se doam e não temem, o sofrimento, o amor, têm se evaporado. O que me assusta é que tudo pode findar-se por uma semana que os dois não fazem sexo. Porque os jantares na casa da tia-avó são enfadonhos e o tio com Alzheimer repete as mesmas histórias da Grande Guerra.

Os mais lindos roteiros de filme que já vi estão se diluindo. E os casais se rarefazem, porque é tão mais difícil superar as adversidades, que não cabem em cento e quarenta caracteres. O esquecimento imediato torna as pessoas descartáveis.

Onde, então, habita o lugar para quem está disposto? A sombra de vossa liberdade é tão grande e densa quanto sua dolorida conquista.

Possuímos um histórico alarmante dos que viveram conjugados por obrigações. Mas, agora, também as nossas cartas perfumadas têm prazo de validade.

Eu sei que o amor acaba. Todavia, qual é a força da condescendência frente à incompletude do outro? Já que não se pode fazer plástica nos horrores estruturais - naquele dia, naquele restaurante, lembra?

Existo para modificar seus futuros. Ah, quanto medo sinto de ser esquecida! Porque eu não esqueço. Eu guardei tudo. Beijos, olhares, feições e todos os amanheceres sutis. Sou o próprio cemitério de todos vocês que andam fugindo. Tornei-me o museu dos amores perdidos, porque sei que a nitidez de quem relembra tem a mesma intensidade do momento vivido. Eu luto contra o universo estrondoso do efêmero.

Nesses dias de pavor à nulidade, dá-me uma vontade de abrir-me todo em ferimentos meninos. Deixá-los gotejar um bocadinho. Levar os dedos a degustar o sangue. Esperar a resiliência corpórea. Atrasá-la uns dias, rompendo-lhes as côdeas. Sentir o formigamento da cura. E tatuar-me em cicatrizes mínimas que recordem o quão poderosas são as ínfimas explosões da delicadeza. Elejo a vibração da dor à mesmice amortecida.

Parem de me alimentar!

o sol também se levanta para a mulher que nunca foi santa
denise ranieri

[1] Trocou a virgindade
Pelas luzes
Da cidade.

[2] Da janela indiscreta
Chamava os meninos
De bicicleta.

[3] Consolou o jovem
Werther fazendo-lhe
Um suéter.

[4] Se és tão belo
Não o sei
Esnobava Dorian Gray.

[5] Desconversava
Com Dirceu:
Tua Marília não sou eu!

[6] No cinema errou a sala
E encontrou
Kid Bengala.

[7] (O mestre do haicai
Não conheceu a dama
Do Cine Shanghai)

[8] De pequena já dizia:
Faço tudo
Por ideologia.

[9] Sonhava ter
Uma árvore
No quintal.

[10] Perder três ou
Quatro quilos
Até o carnaval.

[11] Sua prima Vera
Gostava de
Flores.

[12] Presenteou a mulher
Com as malditas
De Baudelaire.

[13] Largou o marido
Em busca do
Tempo perdido.

[14] (Ela na Rota 66:
Quero ar,
Kerouac)

[15] Não reparava
Em umbigo
De amigo.

[16] Mas teve um namorado
De umbigo
Saltado.

[17] Com ele quis
Dançar o último tango
Em Paris.

[18] Deitada em seu colo
Revirou memórias
Do subsolo.

[19] A esse faltou coragem
Abominava
Libertinagem.

[20] Ela custou a acreditar
Que não era
Eclipse lunar.

[21] Tentou suicídio
Enchendo a boca
De *wasabi* puro.

cagar pelado
gustavo gessullo

Provavelmente você conhece alguém que caga pelado. Todo mundo conhece alguém que caga pelado, mesmo que você ainda não saiba disso. Ao contrário do que se possa pensar sobre cagar pelado, saiba que é uma prática muito comum entre nós, seres humanos.

Eu já havia escutado histórias de pessoas que cagavam peladas; a primeira vez veio de um amigo que me disse que seu primo só conseguia cagar sem roupa, mesmo no trabalho. Entrava, pendurava suas roupas, cueca e meias e sentava no trono.

Mais tarde veio o meu primeiro contato com alguém que praticava cagar-pelado, foi no meu emprego anterior. Senti a bexiga pontar e fui pro banheiro dar aquela mijada rotineira, entre tantas dum dia de trabalho.

Naquele dia não quis usar o mictório, queria uma mijada privativa e, então, fui logo abrindo a porta de uma das cabines.

"Ei!", escutei um grito. Já era tarde demais, a porta estava escancarada e vi, pela primeira vez, um homem que há menos de trinta minutos trajava um terno bem alinhado numa reunião sobre processos ou algo assim, agora nu em pêlos, a roupa pendurada no cabide da porta. Ficou desmoralizado ao me ver; cabisbaixo, culpado, como uma criança que aprontou feio e sabia disso.

Nossa relação se abalou depois disso, nunca mais conseguimos ser os mesmos um com o outro. Quer dizer, tudo parecia normal na fachada, quando nos encontrávamos pelo corredor ou numa reunião, mas agora eu sabia de um segredo dele e ele sabia que eu sabia.

O problema é que o peladão era um estagiário. Sorte a minha seria pegar um gerente, um diretor ou até o presidente com a bunda suja e as roupas penduradas. Imaginem o poder inconsciente que se cria a partir disso. Um cara desses nunca poderá te demitir, nunca poderá te ridicularizar numa reunião, nunca poderá abusar do poder com você. Um ato tão básico e natural do ser humano pode ser um cruel fardo na corporação.

Já é um pouco estranho pensar, quando você está cagando durante o expediente, que uma simples parede separa você do mundo da empresa. Pessoas passam do outro lado do muro, correndo, indo para reuniões, discutindo projetos, discutindo banalidades, e você ali, com as calças arriadas do seu lado do muro.

E então agora, quando eu passava pelo lado da parede que não se caga, correndo para uma reunião, imaginava que podiam ter pessoas não apenas cagando do outro lado, mas peladas!

Isso começou a ficar frequente no meu dia-a-dia e eu levei a paranoia para fora da empresa. Onde quer que houvesse um banheiro e uma pessoa dentro, eu imaginava que ali ela pudesse estar cagando; apostava comigo mesmo se aquela pessoa em particular tinha perfil de cagar pelado ou com roupa:

"E então, o que você acha afinal: essa mina aí tem jeito que caga de roupa, não?" - "Olha lá o barbudo que entrou, certeza que ele caga pelado!".

No trabalho, eu e meus amigos começamos a nos indagar quais pessoas cagavam com roupas e quais cagavam peladas. Fizemos uma lista. Fiquei imaginando o *Superman*, com seus olhos raios-X - talvez por isso que heróis não existam no nosso mundo -, vendo por trás das paredes as pessoas cagando, com ou sem roupas.

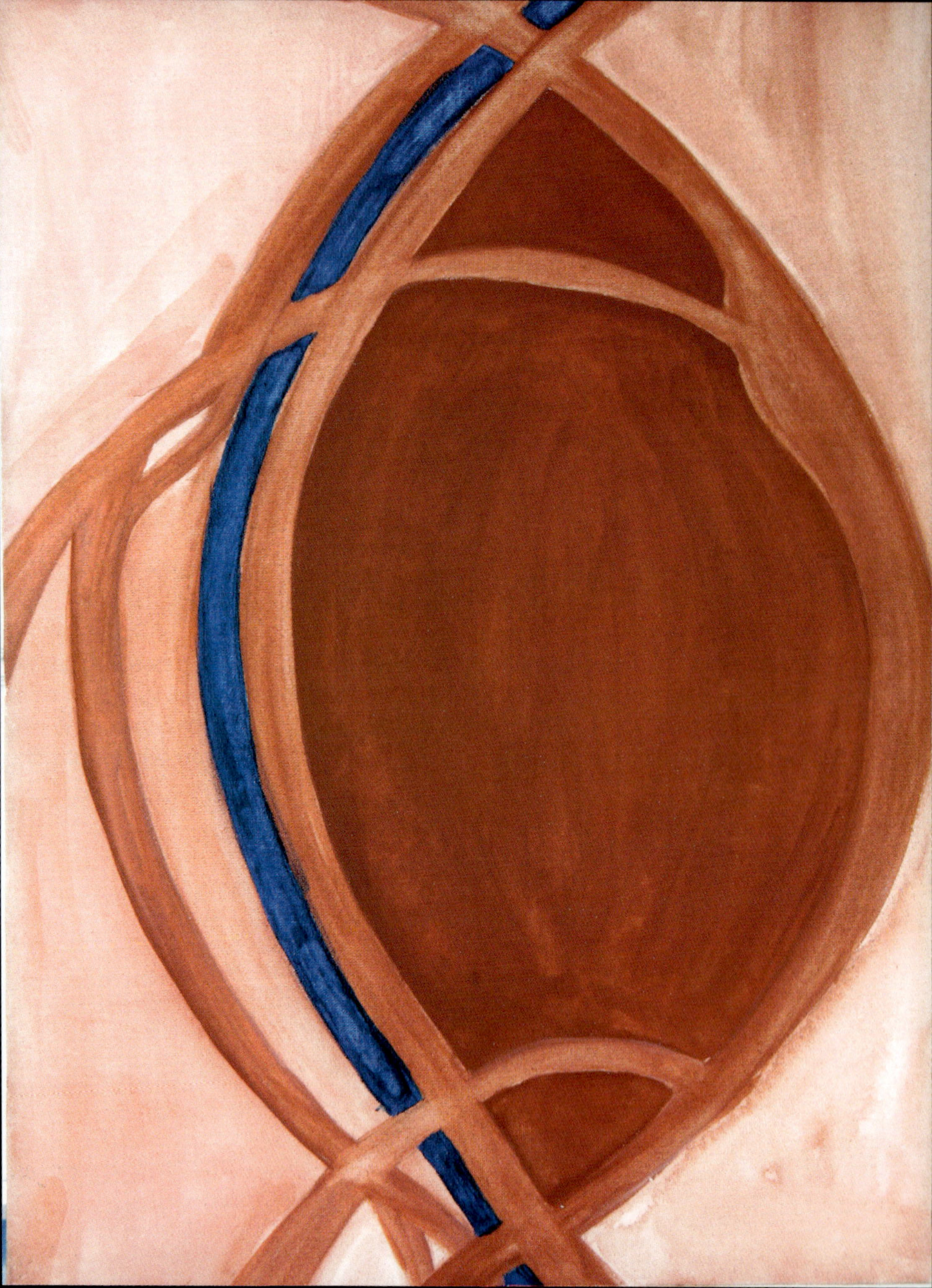

ritalina e chocolate
marcello fiore

O ar tinha cheiro de ritalina e chocolate, pesado e deliciosamente doce, quase viciante. Era uma atmosfera antagônica, cheia de figuras diametralmente opostas, todas quase do mesmo tamanho. Duas janelas em formato elíptico refletiam uma luz âmbar que trazia paz, calma, alegria, hipnotismo, mas que tinha certa dificuldade de alcançar o fundo escuro, e de alguma forma refletia imagens aleatórias, projetadas do lado avesso. Palavras voavam alucinadamente pelo teto em cúpula, que parecia pulsar enquanto cuspia relâmpagos de todos os tamanhos. Medo, alucinação, frustração, sexo, insegurança, tara, amor, trepada, carinho, trabalho, receio, temor, segurança, paz, libido, tinta, papel, formas, dinheiro, copo, corpo, morte, orgasmos, múltiplos. Das laterais da sala redonda ecoavam gritos ocos, esquizofrênicos, gemidos de prazer, tesão nítido, gozo. A força dos relâmpagos aumentou tão desproporcionalmente que não era possível enxergar por causa da claridade intensa. As janelas estavam fechadas. Meu nome vibrou trêmulo em gemido ofegante. Arrepio. A paz se instalou e os relâmpagos mudaram de cor para um tom azulado. Silêncio. Eu precisava sair correndo da sua cabeça, para que você pudesse sair da minha.

público | paulo cunha

diálogo onipresente
camila briganti

- Deus, cadê você?

- Em nenhum lugar. Eu não existo.

cidade
tânia tiburzio

Na multidão tudo se dissolve

Perde sentido

Camuflagem.

não é Deus que me irrita, são os seguidores...
ana six

Só quero fazer pequenas considerações sobre o assunto: Deus e seus seguidores.

Tem coisa mais chata do que gente querendo que você acredite no mesmo que eles? Acho que tem. Você ouvi-los rezar da sua casa.

Minha primeira consideração é: Deus não é surdo! Se ele é onipresente, por que raios seria surdo? Sendo assim, qual o sentido de se usar microfone na hora de rezar?

Bom, vai ver que esses padres, pastores, apóstolos ou seja lá como se designam, devem ter conversado com Ele, o Cara, e talvez ele tenha pedido isso. Vai ver até Deus tenha pro-blema de audição, vai saber. O fato é que eu não tenho...

Há também aqueles que tocam sinos ao meio-dia ou às seis da tarde indicando que a missa, culto ou *whatever* vai começar. *Who cares*? Sou obrigada a acordar "cedo" porque por que Deus quer também?

Para o meu azar, estou rodeada de templos de Deuses onde moro. Para piorar a situação, paro o meu carro no mesmo estacionamento em que os fiéis param o carro na hora da missa, do culto, seja lá de que maneira esses caras chamem.

Bom, eu não curto muito a Bíblia. Acho que se Deus quisesse mesmo mandar umas mensagens para nós, o povo, os pecadores, não teria terceirizado essa função tão importante. Será que ele mandaria o seu filho pra Terra e o faria iletrado? Qual o sentido disso? Deus não pode ser tão incompetente assim.

Além disso, se ele existisse de verdade, deixaria seu filho se ferrar desse jeito? Ser humilhado, castigado e crucificado e ficar tudo bem? Nossa, eu não queria ter um pai assim...

Ah, voltando a questão do estacionamento: Será que essas pessoas que pregam a palavra do Senhor não deveriam ser mais bem educadas? Eles carregam a Bíblia na mão, mas desobedecem as regras comezinhas da boa educação. Furam fila para pegar seus carros, falam alto e alguns até falam palavrão.

Eu posso até ser considerada uma herege ou agnóstica ou ateia, mas creio que Deus não seja essa pessoa que decide o futuro, que te castigue ou te encha de dádivas e coisas boas.

Sou mais da regra terrena do aqui-se-faz, aqui-se-paga. De que gentileza gera gentileza, e de que mais vale tratar bem as pessoas do que carregar uma Bíblia na mão e roubar, trapacear, ou fazer coisas imbecis.

Também não concordo com o fato de mulher não poder rezar missa. Deus é machista, vejam vocês! Só os homens são instituídos de Graça e podem rezar missas. Ah, e não podem transar: sexo é pecado. Se isso fosse verdade, por que raios seria algo tão gostoso?

Não sei se acredito em Deus, nesse cara pintado na Capela Sistina. Várias coisas não se encaixam ou são totalmente contraditórias, ou totalmente machistas. Eu acredito no Bem, no estar em paz e no viver de forma plena. Mas não acho que para isso preciso marcar um encontro num lugar, beber algo, pagar certa quantia ou ficar surda cantando e balançando meus bracinhos.

Como dizia Saramago, meu herói: você pode até acreditar em Deus e eu respeito isso, mas me deixe acreditar no que eu quiser.

Ah, se o Inferno existir e eu for pra lá, espero que o Diabo seja bem gostoso...

***

José foi o primeiro pai de santo da história.
marcello fiore

Rir é o melhor remédio.
Era humorista e hipocondríaco.
dolce vita

benedito calixto | victor barau

a minha experiência gay
cesar cruz

Nunca mais a minha vida será a mesma. Tive uma experiência gay. Sim, gay. E chego à conclusão de que não é nada fácil ser gay neste país. No fundo dói, como você pode imaginar.

Bem, aconteceu, fazer o quê. E foi com meu amigo George, o G. - pelo menos foi com alguém em quem eu confio. Com a permissão dele, vou contar tudinho. A gente precisava mesmo se abrir com alguém...

Comecemos pelas preliminares:

Como nossas mulheres tinham um compromisso naquela noite, resolvemos ir com a Michele, minha filha e com a Duda, filha dele (três e dois anos, respectivamente) passear no *shopping*.

A Michele e a Duda são menininhas negras, e eu e o G., brancos. Por si só nossas famílias já atraem os olhares das pessoas, pois fica evidente que se trata de adoção. Eu já estou bem acostumado com isso, e imagino que o G. também. Mas o que não estamos acostumados, o que não podíamos nem ao menos suspeitar quando inventamos de ir ao *shopping* com as duas, era que iríamos parecer, inapelavelmente, um casal gay.

Detalhe é que havia em torno da situação um razoável número de agravantes colaborando para firmar nossa vocação de casal feliz: Alianças na mão esquerda, estarmos vestidos de bermudas e camisetas-machão (aquele modelo enrustido, que não foi macho para sair do armário e ser uma verdadeira regata), o G. ser gordinho e peludo, e eu careca e taludo; e o pior dos agravantes: as meninas adorarem andar de mãos dadas, o que nos obrigava a ficar cada um numa ponta com as duas no meio.

Visualizou a cena? Confessa aí que até você que se faz de politicamente correto, mas é na verdade um grande sacana, iria cutucar sua mulher e dizer "Veja, amor, que lindo aqueles maridinhos". E ela diria, com um beliscão na sua barriga "Não seja besta, Jorge. É lindo mesmo, você que é um bruto!".

Estacionamos os carros e entramos no *shopping*.

- Ferrou, G. - eu disse, logo que dobramos o quiosque do Mc Donald's.

- Ferrou o quê? - ele perguntou, inocente.

- Estão achando que somos um casal gay.

- Não... Será?

A dúvida do meu amigo durou apenas um instante. Um brevíssimo instante. Tudo ficou evidente quando passamos defronte à Kopenhagen e cruzamos com uma velhinha de cabelo lilás, que juntou as mãos sob o queixo e sorriu cheia de amor, olhando nossa linda família passar.

O que faríamos? Nada. Não havia nada a fazer. E tínhamos duas horas pela frente. E agora seria impossível tirar as duas dali em pleno mês de Papai Noel.

E lá fomos nós, *shopping* adentro, caminhando, claudicantes mas convictos da nossa macheza. Eu não me atrevia nem a olhar para os lados. Mil olhos sobre nós. As pessoas cochichando, disfarçando. Eu quase podia ouvi-las...

"Olha ali, Antunes, mas sem dar na cara! Disfarça, Antunes!";

"Não olha desse jeito, eles vão achar que você também é, Roberval!";

Ou os seguranças:

"Q.A.P, Washington na escuta? - Prossiga Q.A.P! - Disfarça e dá um bico no casal de bonecas que vai passar aí na frente da C&A, copiou?"

Frente à situação que se apresentava, passamos a falar alto e grosso, defesa inconsciente de nossa masculinidade ameaçada. Quando dei por mim eu estava mandando uns palavrões, coçando o saco e soltando tapas nas costas do G., gritando "Aê, meu bróder!". Até um cuspão eu dei num canto do corredor - coisa de macho!

Mas não resolveu. O quadro se agravava a cada corredor, e nossos esforços para parecer menos passivos resultavam em nada; pior davam efeito reverso. Sim, porque se a senhora acha que todos os gays são iguais, se engana, minha senhora; e os senhores e as senhoras daquele shopping pareciam saber muito bem disso, pelas caras que nos olhavam. Já deviam estar mesmo achando que éramos do tipo gays-machões, daqueles que usam bigode e trocam porrada na rua.

E enquanto isso... O tempo não passava.

Paramos para jantar (humm), depois andamos pra lá e prá cá tomando sorvete (hummmm), mais adiante nos encostamos num quiosque pro café expresso (ishhh)...

Acabou? Não. A Michele precisava de um tênis, e lá fomos nós quatro. Uma legítima família às compras. Eu provando o tênis na Michele e o G. correndo atrás da Duda, que queria derrubar tudo pela loja, e todo mundo olhando, e os vendedores, em grupo, com as mãos em frente às bocas, todos aqueles olhos na loja sorrindo, caçoando, inequivocamente escarnecedores.

Então, duas mulheres, mãe e filha, imaginei, provando suas sandálias e sem conseguir disfarçar a mórbida curiosidade, me sondaram:

- Que lindas, quais os nominhos delas? São irmãs?

E eu, já de saco cheio depois de duas horas de massacre, encorpei a voz e disse:

- Não. Elas não são irmãs. E esta aqui é a Maria Eduarda, filha dele com a mulher dele. E essa é a Michele, minha filha com a mi-nha-mu-lher!

Pois é, amigo... A gente brinca com essas pequenas desgraças, mas a verdade é como eu disse no início:

No fundo, dói.

geometria etílica | franco rattichieri

penélope
carmen bentes

Giro a roda e a roca
Tece fios invisíveis
Para minha natureza morta
São fortes e risíveis

Teimo em tornar a vida
Algo mais fácil de levar
Um dia, quando menos se espera,
Ela nos leva para o lado de lá

Tenho que ser Penélope cômica
E tecer sedas, organzas e chitas
Porque esta existência irônica
Prega-nos peças e ata-nos em fitas

Para distrair o destino ardiloso
Tão logo acabo um bordado
Desfio os fios entrelaçados
E começo tudo de novo

O fuso gordo de linhas
Sabe por onde a morte caminha
Como não tenho essa certeza
Teço pela vida fios de leveza

colcha de retalhos
bia del picchia

Jung disse que alma é imagem. Lá no fundo, onde o pensamento cessa, somos imagens, como em sonhos. Como sou uma viajante, acrescentaria que, nessa vida, também viajamos por entre imagens.

Que sorte quando são belas! Mas temos muitas, então há de existir também as sombrias - e me parece que podemos ser perseguidos ou até assombrados por algumas delas.

Uma imagem recorrente em nossa cultura é a da colcha de retalhos, na qual várias mãos femininas tecem, costuram e emendam coisas diferentes.

A variedade de retalhos é o que torna uma colcha mais interessante.

Imagine que, como nossas avós faziam, cada um teve uma origem diferente: esse era um pedaço do vestido da prima, aquele uma sobra da calça do pai. Cada qual traz para aquela peça a história de outra, formando uma espécie de assembleia onde estão representados todos os membros da família.

Assim como, quando reunidas, cada costureira contava histórias e ouvia as das outras, todas diferentes e combinadas entre si.

Existem também colchas formadas por retalhos lisos ou de estampa parecida, nas quais algum tipo de uniformidade tenta conter a anarquia de cores.

É a busca de compreensão que se mais se organiza quanto mais emocional for o encontro, é a necessidade de procurar as semelhanças para que um momento compartilhado seja ainda mais belo.

Há ainda as colchas americanas, com aplicações de retalhos recortados e costurados formando histórias figurativas; essas são intencionais, planejadas, e aqui no Brasil raramente aparecem.

Assim, existem encontros que partem de uma ideia já estabelecida, e ainda bem se deixam espaço para que a arte aconteça.

Uma colcha não é feita apenas pelos retalhos, mas também pelos fios que os unem. Eles podem estar escondidos no avesso (e às vezes são os que mais incomodam), ou podem ser afirmativos, categóricos e explícitos, que logo dizem a que vieram e clamam: estamos aqui, veja!

Por exemplo, uma amiga está acabando uma coloridíssima colcha de crochê, cujos retalhos são ligados por linhas em relevo, feitas de pontos altos, de um tom cinza-escuro que traz o necessário contraste para aquela efusão toda.

São essas linhas que dão forma à sua colcha.

Agora, pense em duas pessoas, unidas pela sólida costura da amizade. Depois em um grupo, tecendo um ideal comum; em um instituto, associação, ou em um país, que só dá certo se é formado por pessoas que compartilham algumas ideias, imagens, mitos.

Ou seja, se são unidos por coisas imateriais, finos fios que há quem diga que são irrelevantes.

Para mim, justamente as coisas impalpáveis que nos unem (tanto as pessoas quanto as coisas) é que criam a identidade, a atmosfera daquele pedaço de vida que vivemos com algo ou alguém. É o que fica quando resta só a lembrança, o tom das memórias.

Certa vez sonhei que todos éramos retalhinhos de uma grande obra, cada qual uma paisagem completa em si mesma, e ao mesmo tempo complemento de outra maior. Estendida na parede infinita, formava uma espécie de mapa vivo, alegre de ver, um tanto confuso, nada discreto: uma colcha de retalhos, onde todos nós brincamos de existir.

é recíproco
renata nascimento

Lembro agora do que me disse sobre viver o incerto enquanto tudo ao redor é, quotidianamente, cálculo. Um tempo não necessariamente nosso. A frase se fingiu passar batida, triturou dentro e a engoli. Vale então o contexto, as letras estampadas no cardápio e o garçom a sugerir: vida real. A gente de fora tende a valorizar só o que faz sentido no li-near, como o tempo, até as nossas bebidas chegarem. Não consegui medir no relógio o abstrato ato de organizar sentimentos soltos, para simplesmente estar apta para a conversa. Como se esse encontro não tivesse levado tempo para ser marcado. Como se sair e voltar para o campo tedioso das normas de conduta não exaurisse. Às vezes se perde até a ação da atitude desejada. Me identifico com a bolha do refrigerante ao tentar entender a sua frase. Agora, há em mim a angústia de um pacto harmonioso não mencionado. Seria mais fácil validar e transformar o contexto, a marcar um reencontro. Com a comida posta na mesa, talvez você já tenha validado o cardápio real da sobremesa. Dois a zero para a conduta. E repassando em garfadas simbólicas, me vem a reveladora imagem de como o Sol muda a cor dos seus olhos. Corro em cima de dunas, engolindo seco uma potencial resposta de reciprocidade.

vida
para muitos uma bosta....pra mim uma bosta!
Fabio Martinez

túnel do rato
fernando carneiro

Não foi a primeira vez que me hospedei no hotel Horizontes. Desta vez, contudo, fazia sentido. Até mala eu trouxe... De cara não acreditei que ela de fato se chamasse Katia, as pessoas costumam guardar seus nomes de verdade antes da conversa migrar do site para e-mails, torpedos, telefonemas, até um estar de frente para o outro, algo que nunca acontece, no entanto, hoje não sei o que achar.

Katia é um nome que cabe em alguém que, embora não libere fotos na Internet, escreve no seu perfil: LIVROS: uma página de manhã, duas à tarde, três à noite, sete vezes por semana. Mas o bote veio mesmo quando ela escreveu: "Me diz onde é o seu esconderijo".

Sem resposta, ela emendou: "Vejo você por aí". Feito isso, não me procurou por uma semana. Como se lembrar do rosto de alguém que vem de quatro a cinco vezes ao semestre retirar um livro?

Passei então a estudar todas as mulheres que entravam na biblioteca. Suas manchas de queimadura no pescoço, suas cicatrizes no queixo e na testa, seus cabelos negros com fivelas de flor ou mechas vermelhas, suas tatuagens de um só lado do corpo, o andar delas, umas mancavam outras arrastavam chinelos, a maioria avançava até o balcão sem que eu pudesse vê-las de *shorts* ou de saia.

Uma semana depois ela voltou a escrever. Falou que passa quase uma semana inteira fechada no armário quando termina a leitura de um livro. Sai apenas para pegar comida e bebida, mas come e bebe no armário.

Ela mora sozinha, igual eu; ninguém a importuna, igual eu. Na hora pensei em questionar a história de ler todo dia, visto que ela se fecha no armário quando termina um livro, porém seria um crime interrompê-la.

"... no armário sinto como são os ratos. Você sabia que eles podem se matar por excesso de escuro? Não é desgosto, é deleite. Umidade, calor, escuridão... Eles se esquecem de comer, não dormem, deleitam-se com as roupas mofando, o desuso, o descaso. Fascinante, não? Eu não quero morrer, mas ser um rato foi a descoberta da minha vida. Quer saber mais? Eu nasci num ano de Rato. Ratos se dão bem com Macacos e Dragões. Você é Macaco ou Dragão? Se for Cavalo acabaremos matando um ao outro. Agora, preste atenção: Ratos também são animais que se arrastam sobre a terra, são imundos, são proibidos como alimento. Levítico 11:29. Por isso, NUNCA coma um rato, mesmo se ele tiver morrido de deleite no escuro."

Isso faz mais de dois meses. Ela não mais me escreveu. Hoje de manhã, quando pisei no hotel, o dono, um sujeito que sabe conversar sem usar os olhos, me tratou como se eu fosse um viajante que ali parou porque foi onde lhe acabaram as forças.

Agora, nesse escuro úmido e quente, me sinto próximo a ela, a roupa pendurada é minha, mas o cheiro já é dela, às vezes sinto sua respiração, seu desejo que eu a ouça sussurrando, que eu a ajude a cavar, que eu a siga túnel adentro. Eu não sei até onde ela é capaz de ser um rato, mas eu vou atrás. ⊞

copacabana | victor barau

Tinham algo em comum: se odiavam.

thiago panza guerson

roleta
homero gomes
Aos três reis magos.

Era um 38 preto, cortado na serrinha. Comprei de um colega do trabalho, com o número de série raspado. Depois da compra, meu passatempo era limpar e dar uns tiros nos terrenos baldios do bairro. Mas em casa fazia diferente.

Eu e meu irmão esperávamos a ceia de Natal ficar pronta.

Carreguei o tambor do revólver com apenas uma bala e propus um jogo.
Pensei que meu irmão não toparia a provocação. Topou.

Então, girei o tambor, encostei o cano da arma no meu peito. Com rapidez, apertei o gatilho. Senti minha coluna gelar.

Não houve disparo.

Entreguei o revólver para meu irmão que, depois de girar o tambor, posicionou o cano na orelha direita. Apertou o gatilho com um sorriso nervoso na boca.

Não houve disparo.

Ele estendeu a arma para mim, tremendo. Segurei com firmeza e girei o tambor três vezes, tentando esconder a bala. Apertei o gatilho, apontando para o céu da boca.

Não houve disparo.

Com um sorriso cínico devolvi o revólver a meu irmão, que girou várias vezes o tambor, posicionando a arma no meio da testa.

Houve algo como um disparo.

Mas da arma não saía fumaça. Nem luz nem estampido. Dela ecoou uma nota aguda, como a de uma corda de guitarra arrebentando.

Peguei a arma da mão dele para ver o que havia de errado. Nada. Tudo normal. A bala ainda estava intacta.

Rodei o tambor novamente, coloquei o cano no meu pescoço. Eu hesitava. Sentia meu rosto quente. Minha mão tremia.

Vamos, não vá parar agora!

A provocação me deixava mais tenso. Sem respirar, apertei o gatilho. A nota aguda se repetiu. Mas foi só.

Meu irmão pegou a arma. Falei que já era o suficiente, a mãe já vai nos chamar para cortar o peru. O jogo estava perdendo a graça.

Mas ele não deu atenção. Sem girar o tambor, apertou o gatilho.

A arma disparou no olho direito.

O estouro do projétil foi silencioso. A bala penetrou sem resistência. Não houve sequer um gemido. Da ferida saía fumaça.

A arma dissolveu em um líquido viscoso e negro. Depois, o braço do meu irmão, o tórax, as pernas, a cabeça e os dentes, que formaram um sorriso desigual no piche que cobria o carpete.

O dissolver da morte é uma água negra.

Ouvi minha mãe nos chamar para dar início à ceia. Ao fundo, meu pai gorgolejava "Jingle Bells". No chão, a sombra do meu irmão secava.

Enquanto pensava no que havia acontecido e no que deveria contar aos meus pais, a porta do quarto foi se abrindo e um vulto colorido se formou no batente.

Você vem ou não?

Era meu irmão, que naquela noite de Natal libertou-se de sua sombra, dissolvendo a morte com um sorriso desigual sobre o carpete.

cepticismo
joyce assis

Do que vale o dia se anseio pela noite

Do que vale o bem se tenho medo da dor

Do que vale o amor se é a desilusão que me desperta a criatividade

Do que vale o sonho se vivo na realidade

Do que vale o pai sem a mãe

Do que vale a razão se a insanidade me conduz

Do que a vale a vida se eterna é somente a morte?!

scada | franco rattichieri

o braço
nana ferreira

Existe algo de seriamente errado quando alguém sente vontade de beijar o braço de um completo desconhecido em pleno metrô, numa das maiores cidades do mundo como São Paulo. Assim, sem mais nem menos, um braço estranho, do cotovelo pra baixo, lhe parece realmente atraente, convidativo, acolhedor, e então um desejo súbito de dar um beijo molhado ou quem sabe uma mordida naquele antebraço começa a se manifestar.

É definitivamente digno de internação. E Alice sabia disso.

Seria esse braço uma fuga da enorme carência que acomete os paulistanos que, em seu dia-a-dia atribulado, marcham rumo a seus empregos/famílias/meios de sobrevivência, sem entrar realmente em contato com o ambiente ao seu redor? Seria este braço apenas e tão somente um símbolo de um braço-direito que está ali para que nele se apóiem as angústias e percalços cotidianos? Ou seria este braço apenas a única fonte de um cheiro minimamente mais suportável do que o do mendigo velho e bêbado atrás de Alice?

Justificativas. Apenas justificativas que Alice encontrou para explicar a bizarria de uma situação destas: o desejo de beijar o braço de um completo desconhecido no metrô meio ensebado. Ela não olhou seu rosto; não perguntou seu nome. Não sabia de onde vinha, em absoluto. Era apenas um braço sem corpo, sem história, que Alice queria desesperadamente agarrar, apertar, morder, deixar junto de si.

A que ponto chegara devido à falta de contato físico? Sequer saberia dizer se o braço era de um homem ou de uma mulher. Porque, a bem da verdade, tanto fazia se o contato físico, o toque, viesse de um homem, de uma mulher, ou de uma criança. Tanto fazia se existissem ou não segundas intenções - ela não pensava em sexo, nem pequenas perversões, e sim no toque entre seres humanos, do contato que a faria sair de sua bolha, sua câmara hiperbárica isoladora, uma capa entre Alice e o resto do mundo.

Porque se a maioria das pessoas estava acostumada ao toque físico em seu dia-a-dia, os de Alice estavam literalmente intocáveis. Não tocava seus clientes no escritório. Não tocava sua família, nem eles tocavam Alice - com exceção talvez do velho gato, Tevez, a se roçar em sua perna aos domingos na cozinha.

Ela lera recentemente que todos os estudos comprovavam a importância do toque físico em um bebê recém-nascido. Teorias sobre o autismo infantil tocavam (de novo?) nesse ponto delicado. E quanto aos adultos? E quanto a Alice? Estaria ela desenvolvendo, em segredo, um tipo de autismo tardio, devido a uma espécie de bolha subjetiva, como se fosse ela portadora de alguma doença gravemente contagiosa?

Humilhada pelos seus sentimentos e pensamentos, Alice não beijou o braço estranho. Segurou a duras penas o impulso, ignorou o braço, voltou para casa e amargou uma dor de cabeça pelo resto do dia, responsável por deixá-la isolada num quarto escuro e silencioso (sua própria câmara hiperbárica) até que sua cabeça voltasse ao seu estado normal.

Naquela semana, sua terapeuta lhe disse: era um desejo bonito querer beijar o braço de alguém. Alice sabia que ela estava dizendo sobre o seu desejo de contato social, das privações que seu feitio frio e distante lhe provocava, da solidão em que vivia. Mas ela própria, a isolada Alice, considerava este um ato desesperado de busca de afeto.

Se havia sido um impulso bonito ou desesperado, Alice já não sabia. Mas recordara-se, naquela mesma sessão, e por meio da hipnose entusiasticamente defendida pela terapeuta, das recomendações de sua falecida e afetuosa mãe. Um abraço por dia devia ser o suficiente para que ela não fosse presa por assédio sexual pela Guarda Civil Metropolitana.

Ao despedir-se da terapeuta, uma vontade irresistível de beijar-lhe a boca lhe acometeu. Travestiu o desejo na forma de um abraço apertado, ao qual a doutora imediatamente correspondeu. Esta, lançando-lhe um olhar da mais profunda compreensão, estendeu-lhe o familiar papel azul com a dosagem prescrita logo acima de sua bonita assinatura.

Longos abraços apertados selaram o final de cada uma das sessões daquele processo de análise, que durante anos ocuparam todas as noites de terças e quintas da solitária agenda de Alice. Se a terapeuta algo notara, nada deixara transparecer – considerava o tratamento um sucesso, tendo a profunda depressão de Alice remitido completamente após aquela única sessão de hipnose. Intrigava-lhe sua resistência em aceitar a alta médica, mas isso provavelmente não tinha importância – a paciente tornara-se doce e afetuosa, e ela realmente apreciava aqueles abraços e os gestos espontâneos de carinho de Alice.

paulista noturna | cláudio manculi

do que é feita uma avenida?
tânia tiburzio

Pedra, areia, concreto, asfalto, casarões antigos, torres modernas, cachorros, faróis de xenon, panfletos, gravuras, fotos, Paraíso, rosas, semáforos, compras, polícia, restos de mim, fragmentos de ti, turistas franceses, skatistas, Consolação, saudade, alamedas, *Küsse*, sons, cores, cheiros, pés brancos com unhas pintadas de carmim, bolivianos e seus lenços multicoloridos, mochilas, bandeiras, trabalho, linha verde, coluna vermelha, paulistas, *fast-food*, chineses e suas muambas, segunda-feira, sábado, feriado, gravatas, bares, parque, corpo quente sob a garoa fria da madrugada, paisagens, travessia, passagem, mudanças, miragem e espera. 88

subterfúgios que me cabem
denise ranieri

Porque sou loira, meu bem
E dizem umas coisas por aí
Essa vida não é nada fácil
Pra quem tem meu tom de cabelo
Leio Clarice nas ruas
Até as cartas de Voltaire
E no banheiro notícias do *showbiz*
Porque não é fácil, meu bem
Ter essa cor de cabelo
E fazer em público
Tudo que eu sempre quis.

uma mulher ruiva
homero gomes

Estava correndo quando recobrei a consciência.

Mas não suavemente; minhas coxas repuxavam, eu suava e ofegava, meu peito doía.

Eu não sabia por que estava correndo.

Pensava em parar, em respirar, mas estava em pânico. Estava fugindo, mas não sabia de quem. Olhava pra trás e não via nada. A rua estava escura e silenciosa.

Eu não sabia onde morava. Não reconhecia o lugar onde estava.

Minhas mãos formigavam e eu sentia pontadas na barriga.

Em minha mão esquerda vi um bolo de notas graúdas e uma fotografia - uma mulher ruiva. Eu não a conhecia.

Talvez, eu a tenha assaltado. Por isso, o dinheiro e a fotografia. Mas eu não ouvia gritos nem sirenes. Nada.

Um grande estrondo e uma forte luz. Meus olhos veem um clarão antes que eu caia no asfalto frio.

Estou zonzo e com a vista embaralhada, mas consigo distinguir onde estou - uma enfermaria. Pessoas gemem de dor; eu permaneço em silêncio. Não me lembro de nada; não sei por que estou ali.

Um enfermeiro alto, magricela, olhos e cabelos negros, veio ministrar remédios e regular meu soro.

Tenho calafrios.

Dou uma risada nervosa e ele me pergunta simpaticamente se estou me sentindo bem.

“Não se preocupe, eu estou bem. É que você se parece muito comigo. Poderíamos até passar por irmãos gêmeos.”

“Isso seria impossível.”

Rindo, pegou um espelho e colocou-o em minha mão.

Não sabia o que havia acontecido. Sabia apenas que o reflexo era de uma mulher ruiva.

ruiva | cláudio manculi

são paulo - centro | rodrigo richter

assalto ao centro
giuseppe schillaci

Tradução: Bruna Nehring

"O sol da peste descoloria todas as cores e afugentava cada alegria..."
(Albert Camus)

Sacos plásticos se elevam como gaivotas sobre recifes de concreto, se inflam de vento e rodopiam sobre os telhados de zinco.

Vitaliano os vê subir, subir e depois despencar a pique entre o posto de gasolina e as barraquinhas de churrasquinho. Fixamente, ele olha a fumaça branca que sobe da grelha de carvão e esparrama-se no céu e, enquanto isso, repete mentalmente as condições de venda promocional dos telões LCD, dos vídeo-celulares, das assinaturas de canais abertos... O cheiro insistente dos espetinhos vem sendo abafado pelo cheiro acídulo do molho que a mãe está preparando lá na cozinha. Depois do almoço, o emprego o espera, o terceiro dia do seu novo trabalho.

Vitaliano sorri de detrás do vidro da janela entreaberta; sorri alegre. Pensa no seu novo emprego e está muito orgulhoso de si mesmo, de como já sabe dar a seus clientes as informações detalhadas, sinceramente, como um amigo - de como respeita seus chefes, sem puxa-saquismo, e de como é respeitado pelos colegas.

Do seu quinto andar do condomínio de *Brancaccio*, vê os pombos na rua se aproximarem com circunspecção das sobras das barraquinhas em brasas, enquanto motorzinhos e carrinhos se entrecruzam rapidamente. Vitaliano sorri e pensa nos códigos de barra dos caixas e nos tíquetes da lanchonete. Daqui a poucas horas vai começar o turno da tarde do seu terceiro dia de trabalho, o mais importante, pois é dia de vendas promocionais. Centenas de pessoas são previstas para comparecer ao "Centro di Roccella" e Vitaliano é invadido por autêntica felicidade.

Ele não vivia essa sensação de plenitude e integração à vida desde quando, aos treze anos, havia tocado Mozart de forma "exemplar", como disse seu professor de violino na ocasião da prova de fim de ano. Naquela vez, a felicidade que sentiu depois dos aplausos foi inesquecível, não pela emoção do palco, mas pela sensação do momento em que o pequeno Vitaliano voltou correndo ao atril para retomar suas partituras, devolvendo à plateia um olhar embevecido. Naquele momento havia sentido seu estômago inchar-se de leveza, da consciência de pertencer a algo, de fazer parte integrante da classe, da escola, daquele subúrbio. Consciência que porém durou pouco, substituída que foi pela sensação de sempre, da alienação de sempre, da distância dos seus companheiros de sempre, aqueles suburbanos, gente arrogante, pronta a arrebentarem as caras por qualquer bobagem.

E agora, em frente àqueles plásticos que piruetam no ar, à fumaça do churrasquinho que parece subir das chaminés da balsa do Canal, Vitaliano é invadido de novo pela mesma leveza daquela prova de fim de ano, ao som das notas de violino, e reabre aquele seu sorriso sonso.

Mas a música nunca chegou a pagar, nem muito nem pouco, apesar do seu ouvido apurado, apesar da técnica impecável no violino, do seu desembaraço no violão e no contrabaixo. Aliás, pagava pouco demais e só quando podia. Havia anos Vitaliano deixara o Conservatório - aquilo era só para quem podia estudar -, mas havia tentado, sim, viver da música. Tentou até em um teatro de Roma onde trabalhava uma de suas primas. Mas lá também o dinheiro era pouco e só era pago por trimestre, enquanto a senhoria não deixava passar nem três dias do vencimento para reclamar o aluguel.

E assim Caronte, a balsa nojenta e fumegante do Canal*, cruzando o faiscante braço de mar, aquele *Scilla* e *Cariddi* que mais parece um oceano, o levou de volta à sua terra. Aqui Vitaliano começou a tocar em banda de procissões, em orquestra de casamentos, no quinteto barroco da igreja e até em uma banda *heavy metal* nas festas do "Unitá"**, e sem jamais conseguir juntar dinheiro suficiente para sair daquele odioso condomínio de *Brancaccio*. Odioso, não por culpa da mãe ou da irmã, mas odioso por ser o cubo que era, concreto desbotado, bem no meio da periferia ainda mais desbotada e selvagem, favela de trapeiros, ambulantes e trabalhadores só socialmente úteis, onde os edifícios já haviam engolido os antigos castelos árabes e seus jardins de palmeiras, onde a maioria daquela gente mal tinha o primário, mas todos tinham pelo menos um primo no Ucciardone***. E onde a garotada grita sem parar, mastiga e cospe no chão enquanto os mais velhos se olham atravessado como canibais apáticos perante uma única presa.

Mas o "Centro di Roccella" pode mudar tudo, pensa Vitaliano ainda à janela, brincando com a armação dos óculos, o Centro trará um bocado de civilidade e bem-estar nessa terra desgramada. Ele sente-se revestido de grande responsabilidade, pois agora pertence ao Centro, é parte ativa dessa revolução. Trabalha no "Centro di Roccella", empenha-se para a mudança, para sua salvação. "Quem sabe, um dia, até vou tocar naquele Centro!"

"Vitaliano" - grita sua mãe - "vem comer!". O rapaz coloca os óculos e chega saltitante à co-zinha. Senta-se à mesa, devora tudo com apetite e critica raivosamente o noticiário que só dá as tragédias do mundo e as notícias incompreensíveis da política. "Com o grande Centro finalmente reconstruído" - proclama com entusiasmo o jornalista - "renasce a Itália do Milagre Econômico". Vitaliano descasca uma laranja, come calmamente gomo por gomo, e fala com sua irmã sobre as promoções do "Centro di Roccella", dos vídeo-celulares em oferta, da chance de conseguir nos televisores HD, naquela tarde mesma, um mega-desconto especial aos primeiros cem compradores que aparecerem no balcão. Sua irmã o enche de curiosidades e perguntas, que Vitaliano responde com exuberante e plena segurança, sorriso radiante nos lábios, olhos faiscantes atrás das lentes. Na realidade, Vitaliano está pouco se lixando para televisores e tecnologia, ele gosta é da exatidão, da perfeita geometria dos sinais das coisas, questões que aprendeu a apreciar quando estudava violino, questões fundamentais para uma execução exemplar.

Depois do café, Vitaliano acende um cigarro e entra no elevador. Sai na calçada infestada de saquinhos abandonados ao vento e desamarra o *scooter* para ir ao seu novo emprego. É dia de promoções e quer estar pronto atrás do balcão, pelo menos meia hora antes que comece a balburdia. Pela estrada de *Brancaccio*, chega à pracinha redonda da zona industrial: quatro galpões enferrujados onde Vitaliano nunca conseguiu saber o que se fabricava. Faz o retorno no "Sperone" - casas populares que não diferem das outras em absolutamente nada, salvo pelo pardacento de sua cor e por serem todas iguais -, e pega a estrada nova que o leva ao Centro.

De longe, o Centro parece uma aldeia marciana aterrizada naquela fatia entre montanhas e mar, com paredes de vidros transparentes, torres de aço e luminosos violeta; muros de concreto inclinado e pilares de um metal vagamente cinzento. Essa visão, para Vitaliano, é sempre uma revelação, uma miragem que vira realidade. Ao atingir a entrada do grande "Centro di Roccella" atravessa o estacionamento tão imenso que mais parece uma lagoa, ou um daqueles fossos em volta de um palácio real. Amarra o *scooter* no lugar reservado aos trabalhadores de lá, e sobe aos pulos as escadarias que levam ao seu balcão.

Pontualmente às 15h serão abertas as portas da sala de promoções. São 14h45, e do balcão do Vitaliano já se ouvem os primeiros gritos de impaciência. Loredana chega esbaforida do corredor, berrando para andar depressa, pois já têm mais de cem pessoas atrás da porta de enrolar. Vitaliano não se perturba, vai logo ao equipamento de som, retira o CD da roqueira Jenny Gonzales e no lugar coloca o que trouxe para as grandes ocasiões: Obras-primas de Mozart, - "assim, quem sabe, o povo lá fora relaxa um bocadinho".

Chegam também Franco e Peppe para supervisionar o balcão, e dois energúmenos da segurança são chamados para tentar afunilar o fluxo das pessoas.

São 14h55, e os urros chegam mais ameaçadores, alguém esboça hinos, tipo torcedor de estádio, ao mesmo tempo em que rapazes de bonés dourados arrastam meninos de bonés prateados, que empurram garotas metidas em cintos de couro cheios de taxas, e olhos de sombras roxas como os da tal Jenny Gonzales. Atrás dessa primeira fileira de horda *punk*, empurram-se pais, mães, tios e tias; senhores barrigudos que instigam os outros com gritos desumanos, e senhoras petulantes, com olhares errantes e bocas escancaradas de batom vermelho. A multidão ondula como um rio em cheia, rebanho enlouquecido em que cada um é rival do outro na gana de chegar antes que o outro, e todos têm um único inimigo em comum: o balcão das promoções, a fortaleza a ser conquistada.

A primeira fileira força o bloco, na marra consegue levantar a porta de enrolar e se abate feito estilingue sobre o balcão. Vitaliano esboça um sorriso, mas imediatamente vê que não há nada para sorrir. Sabe que deve dar àquela multidão o que ela quer, e o mais rápido possível.

Franco e Peppe não conseguem aplacar a turba que continua a urrar e rosnar. Em segundos o balcão é rodeado como um pedaço de miolo de pão numa poça de peixes vermelhos. Aos gritos ainda se juntam ofensas, ameaças e empurrões.

Vitaliano tem que subir em cima do balcão e parece um domador de circo rodando um pau para conter os assaltantes.

Os seguranças levantam os cassetetes e Loredana, cadavérica, continua distribuindo senhas àqueles monstros prontos a agredi-la a qualquer momento. E quando a moça, num fiapo de voz, comunica que todos os televisores já se acabaram, a multidão aplaca os ânimos por um instante. Um silêncio incrível e cheio de ódio desce sobre a multidão: cada um amplifica sua raiva para dentro dos olhos do vizinho, e um gemido coletivo começa a crescer até transformar-se num grito de batalha, grito dilacerante, grito de luta ancestral.

É aí que Vitaliano é puxado por trás e jogado no meio da pancadaria.

É só quando desce a noite que a mãe recebe uma ligação avisando do acidente: Vitaliano está no hospital, duas costelas fraturadas e alguns arranhões. Mãe e irmã correm ao hospital e acham Vitaliano na enfermaria sobre uma maca capenga, cabeça enfaixada, soro e tudo mais. O rapaz tem lesão de tímpano e provavelmente vai perder o ouvido esquerdo. Pouco antes da meia-noite, Vitaliano abre os olhos, procura os óculos, e com a mão derruba um copo plástico. A mãe acorda e vai beijá-lo na testa enquanto ele começa a descolar os lábios. E murmura que o erro foi dele: ele não devia, ele errou sim, não devia ter jogado Mozart àquelas feras.

Notas da tradutora:

* O Canal de Messina, que separa a Calábria da Sicília, apelidando as duas margens de Scilla e Cariddi, as duas ilhas entre as quais Nausicaa aprisionou Ulisses, - elas, metaforicamente, também limitam a vida de Vitaliano

** Jornal do partido esquerdista

***Construção do barroco espanhol do séc. XVII, hoje prisão da cidade de Palermo.

piccola palermo | giuseppe schillaci

já vivido
carlos briganti

Desde que nasci, há mais de seis décadas, a novela se repete. Os governos organizando artifícios para a passagem do ano. Toneladas de pólvora no ar para o mundo ver colorido, cobrindo, assim, cinzas da brasilidade.

Os passivos como eu apenas sabem ver. As encostas escorregam levando brasileiros geralmente pobres de tudo. A comoção é semanal: águas, roupas, ajudas, Rede Bobo mostrando pernas e mãos entre a lama.

- O senhor está sentindo alguma coisa com a perda de toda sua família? - a pergunta do idiota de sempre.

Assistimos todos, eu na primeira fila, com a passividade dos fracos e oprimidos.

- A natureza às vezes é cruel! - o padreco corrompe a natureza.

Não são citados os corruptos dos governadores, prefeitos, vereadores, e os cumbau alviverde esperança.

- Recebe o afeto que se encerra em nosso peito juvenil.

As encostas sempre lá estiveram, desde o início do mundo brasileiro. O povo, ignorante como eu, constrói uma casinha no alto do morro, pois lá não existe arranhacéu. Herivelto Martins, nosso arquiteto.

Finca uma casa aqui. O teto de zinco furado mostrando as Três Marias e o Cruzeiro do Sul. Acreditamos que Deus é brasileiro, afinal temos o melhor futebol de ignorantes do mundo. Ou seria de analfabetos?

Sempre choveu em dezembro e janeiro. Isso para não lembrar das águas de março.

A fiscalização inexiste. Custaria dinheiro e os impostos devem se dirigir ao aprimoramento da Suíça ou Miami, locais sem deslizes.

- Não tenho contas na Suíça, nem minha santa esposa. Oh, Heródoto!, se acharem, você está incumbido de doar o dinheiro para a Santa Casa de Misericórdia! Desliza o Bem-Amado.

Eu acredito em Papai Noel e nas boas intenções dos Genuínos-belezas. Sou analfabeto, ignorante, torcedor da geral, e me orgulho de ser brasileiro.

– 327, 429, 538... 689, 745... Os desaparecidos são 377!

As encostas avisam. As bananeiras plantadas para ajudar a matar a fome produzem raízes tipo escavadeiras, facilitadoras de infiltração de água. Mas quem avisou? Existe IPTU para quem?

O Senado está de férias. Os sorteios dos cargos em nome do façam-suas-apostas! Não temos dúvidas que a sociedade capitalista produziu um avanço tecnológico fantástico e uma infelicidade descomunal.

Mas, eu cego de todos os olhos, gosto daqui, pois não tenho para onde ir. Envelhecendo, olhando os senadores que envelhecem comigo, suas Excelências promotoras de riquezas.

As dores das juntas. O pênis mais flácido que minhoca morta. Os cabelinhos raros em caju-rosé. Os viagras. Os casamentos com mocinhas de família setenta e sete anos mais novas. O poder viver de amores e paixões.

Li e recomendo Mrs. Dalloway, de Virginia Woolf, que retrata uma dama de estirpe, extenuada, casada com um deputado conservador e mãe de uma adolescente. Resumindo com Vargas Llosa, "a vida intensa e suntuosa do banal."

- Você viu o novo Big Brother? Tá demais!
- Quem vai para o paredão?

A novela se repete. É fantástico! Blim, blim!

Ah!, os mortos das tragédias?
Estão contando os corpos já vistos.

E a felicidade reinou na Etiópia quando encontraram um feijão no dente de alguém.
thiago panza guerson

O empresário, para escapar da malha fina, fugiu para a África e, por ironia da vida, foi devorado por um leão.
thiago panza guerson

kiko ferrite

gente-pingente
fred kling

De onde vem essa gente-pingente, que se balança nos carros dos ônibus, nos vagões dos trens? Mal começa a semana e, segunda de manhã, já têm os olhos cheios de tédio. Aquele pensa no adultério; aquela, nos amores não vividos; aquele outro, no trabalho. Quantas esperanças, quantos desejos, quantas coisas por fazer. Só resta, porém, seguir a linha reta que leva ao fim de semana, ao torpor do sábado à noite ou à reza do domingo fim de tarde. Pensa então que a vida pode ser melhor, quando, na verdade, a vida é isto: pendurar-se em ferros, talvez com variações para cima ou para baixo, quem sabe com um mês por ano para tentar se esquecer ou tentar se achar, até o fim da linha. A ilusão serve para não ver que em um dia se nasce, em outro, se morre, e o que acontece no meio disso não tem necessariamente sentido. A solidão, o calor do aperto, a sacudida do transporte, tudo lembra o útero materno, mas um do qual, dia após dia, não suja de sangue, mas, por vezes, embebida em suor, a gente-pingente não sai para a vida, mas sim se esparrama um pouco mais para a morte. Gostaria de pendurar toda essa gente-pingente em um arco-íris, embalar seu sono com algo mais do que os buracos do asfalto ou os trilhos do trem. Tudo o que posso oferecer, no entanto, é meu olhar condescendente, minha solidariedade na dor, pois eu também sou gente-pingente.

descrição
ziyad hadi

É muito fácil enganar esse médico. Ele é ingênuo. Bastou eu perguntar "doutor, por que eu não tenho libido há três meses com meu marido?" que ele já está achando que sou uma histérica. Eu não sou histérica nem louca. Só porque eu consigo ler os pensamentos, escutar o que falam de mim lá na esquina, prever o futuro, entrar nas pessoas e saber tudo o que se passa com elas, me rotulam de doida. Mas eu estou bem equilibrada, porque sou bem apessoada, falo bem, converso bem, me expresso bem. Esse psiquiatra se irrita muito fácil quando eu insisto em saber a causa do sumiço do meu tesão. Por vezes, o simples silêncio diante das minhas perguntas já denuncia o seu enfurecimento, contrastando com esse jeito meigo de filho caçula, que por horas fala com uma voz infantil, típica de quem foi muito paparicado, mas reassumindo o jeito de homem em seguida. Tão mimado, que persiste com um apetite de criança, com preferência por doces e gordura, o que o transforma nesse gordinho sedentário que trabalha demais. Com frequência muito interessado, atencioso, mas ultimamente perde a paciência comigo quando peço uma justificativa. "As mulheres perguntam demais", deve pensar esse esgotado a respeito da esposa. Ele próprio sempre gostou de explicar em exagero, fosse pela psiquiatria ou pela psicanálise, mas agora com esse livro de Deleuze em cima da mesa do consultório, o professor não consegue nem mais disfarçar que cansou de encontrar uma resposta pronta pra tudo e incorporou o pensamento deleuziano onde a vida não se explica. Bastou o encontro com o filósofo para sair de um terreno seguro, onde jurava ter o controle da vida, para um outro onde está sempre procurando um norte. O psiquiatra perdido. "Se o senhor fosse graduado em Artes Plásticas, igual a mim, já teria conhecido esse pós-modernista francês há muito tempo." Ficaria engraçado escutar o meu doutor palestrando sobre Deleuze com esse sotaque meio enrolado, desconcertado por uma ruptura de identidade sem saber se é gaúcho ou se é árabe - embora tenha cara de indiano -, ou se meramente nunca fez nenhuma aulinha de dicção.

* Texto elaborado na Oficina da MundoMundano, Desconforto Criativo, ministrada pelo escritor Fernando Carneiro, em maio de 2011.

a outra
dolce vita

- O que ela tem que eu não tenho?
- Vinte anos. ∞

coisas de homem
marcello fiore

Minitextos, microcontos, miniclips,

Nanochips, mininovas, miniluas, minideuses.

Miniplugs, miniestéreos (ministério?),

Minijogos, micropontos, minúsculas, mínimas, menores, minissaia...

Minissaia

Minissaia

Minissaia

Minissaia

Minissaia

... ∞

elza | paulo cunha

laura
camila briganti

Laura. Loira. Ninfa. Mulher dos sonhos de qualquer homem. E de qualquer mulher. Beijava e sentia o ser humano. Indistintamente. Para Laura, tal como para o rabino Nilton Bonder, a sua alma era imoral. E, para ela, igualmente assexuada.

Queria ter vivido no Império Romano, talvez ser irmã de Calígula. Queria trepar. Lia a Bíblia e sabia que o incesto era mera consequência organizacional do Estado. Seu foco era o amor. O amor ao belo. Custasse o quanto custasse.

Se amava loucamente. Se masturbava observando a perfeição de seus contornos, delicadamente delineados. Sua pele, macia. Sentia os dedos passarem lentamente pelo seu pescoço, raspando suavemente seu colo. Apertava delicadamente o bico do seio, navegando sua barriga, até atingir o clitóris. Sentia sua pele sair da rotina: arrepiava.

Laura também gozava com palavras.

Sabia que sua missão era ser bela, ter o Belo como objetivo e trazer para este milênio a irreverência do amor e o seu desregramento.

Se apaixonou. Não sabia estar apaixonada. Era uma mulher, com forma de mulher. Diferente de Laura, seu corpo não era trabalhado. O bico de seu seio apontava ligeiramente para baixo, reflexo natural da idade, causava em Laura uma certa grande excitação. Sua pele também não era mais a de uma ninfeta. Demarcava o tempo, assim como as marcas da vida.

Cheirava a fêmea.

Sentiu, diante desse primeiro amor desconhecido, vergonha de seu corpo. Queria ter o corpo dela. Ella sim era mulher. Não participava de orgias. Não brincava com suas formas. Fazia somente amor, mesmo que fosse com diversos homens e mulheres, simultaneamente.

Laura reconheceu, aos poucos, que não era mulher. Laura era puta. E fútil. Não amava, trepava. Já Ella desejava o seu coração e só conseguia se entregar à plenitude de um orgasmo quando sentia o olhar de Laura penetrar sua alma, ao mesmo tempo em que gemia involuntariamente de tanto prazer. Neste ímpeto, de seu orgasmo mais profundo, Laura percebeu que era a primeira vez que gozava.

Descobriu que, a partir daquele instante, não era mais puta. Amava. Reconheceu que todas as suas certezas nunca foram certas. Que não existem verdades absolutas. Que humanos são somente humanos e que se submetem a orgias. Sem amor.

Mas, naquele orgasmo, Laura aprendeu que humanos também podem amar. E, tal como os anjos, o amor também é assexuado.

Laura não era anjo.
Laura era vida.

José sempre amou Maria, mas José Maria, a vida toda,
foi tratado, apenas, por José.
thiago panza guerson

um piano e uma xícara de chá
gustavo kosha

A friagem era grande na antiga sala de estar. O cheiro ali era o mesmo havia muitos anos, bem como o mobiliário. Sentada na mesma cadeira, enrolada em uma malha de lã, a velha senhora tomava o seu chá, o mesmo chá que tomava diariamente desde não se sabe quando.

Olhando para o nada, a velha enxergava apenas as suas lembranças. Seus movimentos eram lentos, espaçados, como se fossem resultado de muito ensaio. Iguais, todos os dias.

No canto da sala, avistou seu velho piano. Quanto tempo ele havia passado ali, despercebido. Não lembrava da última vez que tocara naquele instrumento.

Levantando-se com dificuldade, a velha chegou até ele e, com delicadeza, passou a mão sobre a fina madeira que formava o seu corpo.

O toque suave e o deslizar dos dedos fizeram com que ela fosse transportada no tempo.

As memórias pareciam mais claras, mais sóbrias. O passado havia se transformado em presente. Na sala ela sentia a presença de várias pessoas. Familiares, amigos, crianças gritando, correndo e brincando, enquanto ela, agora jovem e muito bonita, tocava naquele piano um clássico de Bach.

Naquela festa podia sentir sobre ela o olhar penetrante de um jovem rapaz. Tímida, bri-gava com seus olhos para que eles mantivessem a atenção apenas nas teclas do piano. Era difícil. Por mais que tentasse, vez ou outra os olhos escapavam para o sorriso mais bonito que já tinha visto na vida, ainda que de relance.

Terminada a sua breve apresentação, foi pega desprevenida pela mãe.

Ela fazia questão de que a filha conhecesse Joaquim, jovem médico recém-chegado de Coimbra, filho de um comendador muito amigo de seu pai. Era ele o dono do sorriso que tanto chamara a sua atenção.

"Estou realmente encantado com a senhorita." Ela nunca esqueceu aquelas palavras. Nem aquele olhar. O primeiro olhar, ainda distante. Aquele que Joaquim insistia em lançar sobre ela enquanto fazia sua breve apresentação.

Aquela noite tornou-se mágica. Diferente de todas as outras que ela tivera até então. Sua timidez havia sido arrebatada por um desejo muito maior, um sentimento muito mais forte. Talvez ela tenha se dado conta, graças a um homem, de que ela era realmente uma mulher.

Naquela noite começou a sonhar, conheceu o luar, as estrelas, descobriu um céu maravi-lhoso e brilhante sobre ela. Descobriu que as palavras tinham sabor, e poderiam ser doces, prazerosas em sua essência. Tudo, apesar de novo, fazia muito sentido.

De volta à realidade, a velha se viu sentada ao piano, tocando o último acorde daquela mesma música que tocava naquele dia, muitos anos atrás. Ao terminar, parou por alguns segundos, imóvel. Sorriu. Percebeu que ainda era, sim, possível ser feliz. Até mesmo hoje, sozinha, tinha a sorte de ter com ela as suas memórias. O passado de felicidade e amor se tornava um alento para o presente cheio de dificuldades.

Fechou o tampo de proteção das teclas com a mesma delicadeza com que dedilhou a melodia, segundos antes. Era grata a ele. Levantou-se e voltou à sua cadeira, ao seu chá e, ao levar a xícara até a boca, percebeu quão fria a bebida se tornara.

Aquilo fez com que ela fosse transportada novamente ao passado, este mais recente. Um dos dias mais tristes de sua vida. O dia em que Joaquim, seu companheiro em mais de trinta anos de vida, morreu. Ela podia sentir o clima lúgubre do velório, avistava muito claramente, ao fundo da sala, o féretro do marido, e sentia o gosto frio do chá servido pelas amigas tentando esquentar a sua dor.

Balançou a cabeça e voltou à sua velha sala de estar. Sorriu novamente. Até mesmo as memórias ruins insistiam, vez ou outra, em visitar seus pensamentos. Cabia a ela, assim, tocar mais piano e cuidar para que o chá nunca esfriasse.

fernando ricci

e se a gente se apaixonasse de verdade?
milena castino

Então você olhou lá dentro dos meus olhos e me perguntou, tentando tirar de mim a resposta mais perfeita que eu pudesse elaborar:

- E se a gente se apaixonar de verdade?

Eu ri, sem saber muito o que te falar, sem querer dizer que se a gente se apaixonar, a gente foge junto pra Itália e fica lá vivendo só de amor e aventura, sem querer te dar uma resposta perfeita, porque perfeição e paixão não combinam. Então te digo assim:

- Olha, se a gente se apaixonar, a gente vira uma história bonita. Dessas que foram feitas somente para serem contadas e nunca encenadas. Desses amores que ficam alheios ao tempo e à vida, desses que esperam que um dia, quem sabe, o futuro resolva. Desses amores que devem ser guardados pra outra vida, sei lá, deixa de tanto medo, de tantos dedos. Mania mais masculina essa de querer se pré-proteger do que tem apenas potencial pra machucar. Machucar, todo amor machuca, meu bem, quer queira ou não. Meu coração também é de papel remendado, se a gente se esfolar, é fácil achar a borda cortada pra colar de novo. Se a gente se apaixonar de verdade, menino, a gente resolve depois. Por enquanto, só chega mais perto, me invade e me mostra o quanto dá pra amar, agora.

o segundo que precede o encantamento
renata nascimento

Se não fosse pelo "segundo que precede o encantamento" ela não teria pressa em deixar aquela cama. Mas agora já estava na rua, de banho tomado, e mesmo que quisesse, não se lembraria dos traços que tanto teve pudor em observar naquele rosto. A noite anterior faria parte do seu inocente mural: prova de vida. Só iria aplicar aquela experiência numa próxima ocasião quando, copo cheio, coração aberto e mente em sintonia com o desejo, abririam-se de vez os seus corredores para as memórias factuais. Nem pior nem melhor do que as suas projeções não palpáveis. Só se fez um favor e as materializou. O corredor continua a ganhar paredes, o fundo fica cada vez mais longe contornado por espaços e sustentáveis colunas. Mas agora o dia havia começado e a brisa pinçava a página. A noite já era de outra pessoa, já era de outro sexo e satisfazia outros desejos. E os rostos que tanto gostaria de lembrar iam sumindo das paredes. Não pregou nada. Nem um cúmplice para a sua prova de vida. Muitas coisas para contar, mas nada do que valha a pena falar.

se cidades fossem mulheres
gustavo gessullo

salvador

Salvador é aquela mulher que é gostoso ficar do lado, junto com ela na rede, ela faz cafuné, conta umas histórias, toca violão, você dorme, acorda, dorme, mais cafuné, mais violão. Aí Salvador vai pra cozinha e prepara aquele rango maravilhoso: peixe, frutos do mar, dendê, pimenta. Mas Salvador é bacana pra passar só um fim de semana.

Salvador é uma mulher desprendida, desapegada demais. Segunda-feira você acorda com uma gastrite filha da puta de tanta pimenta que ela fez você comer, atrasado pro trabalho, cheio de problema na cabeça, contas, dívidas, prestações, você olha pra cama antes de sair e Salvador continua lá, se espreguiçando, achando graça da sua paranoia, tirando sarro que você tem que trabalhar. Se você passa mais tempo com ela, você percebe que Salvador é chata: fala mole, divaga demais, pira em Axé, Chiclete com Banana, Caetano Veloso, Gilberto Gil, Dorival Caymmi e Jorge Amado. E mesmo que você decida passar o ano todo ao lado dela, apaixonado e tudo mais, esqueça Salvador no Carnaval. Ela sai da rede, bota o abadá, te deixa em casa e vai pra rua, vira uma foliona de primeira, se abre pro mundo, pula igual uma louca, não para nem pra mijar, mija nas pernas, pulando e sambando, segue o trio da Ivete, beija sete, oito, quinze no mesmo dia, entorpecida, bêbada, com aquele sorrisão no rosto e o bundão de fora balançando. Gosta de festa, tanto que prorroga a folia até o último instante. Aí o Carnaval passa e o ano começa para todos. E Salvador volta pra rede.

lima

Lima é aquela mina feia que cozinha bem pra cacete. Lima tem cara de índio encardido, toca flauta, usa roupas coloridas, brega, batom vermelho e unha rosa, cabelão volumoso cor de acaju. Lima sempre ficou às sombras do seu irmão mais famoso, o Machu Picchu. Enquanto Machu Picchu foi criado pelos Incas, cresceu entre os Andes e a floresta Amazônica, todo enigmático e misterioso, Lima ficou com o trabalho pesado da família Peru. Começou a trabalhar pesado logo cedo, tinha que trazer dinheiro pra casa. Quando tinha 20 aninhos, já tinha cara de 60, acabada, maltratada pela vida dura. O mundo todo só queria conhecer Machu Picchu e Lima ficou de canto. De vez em quando consegue puxar algum amigo do irmão para conhecê-la mais a fundo, faz o que sabe fazer de melhor, um banquete cheio de coisas maravilhosas: Chevice Ceviche, causa, *ají de gallina*... pega o cara pela barriga!

Mas a história é sempre a mesma: você acorda na manhã seguinte embrulhado de tanto que comeu, fedendo de tanto tempero e capricho que Lima usou na comida, sem o efeito do pisco na cabeça, e se dá conta da baranga que comeu. "O que eu estou tô fazendo aqui?", você se pergunta. Mais um que sai correndo fugido. É, Lima, vais ficar mesmo pra titia...

são paulo

São Paulo é aquela mina que um dia foi gordinha, gente boa, adorava ficar no boteco, comia qualquer coisa, não tinha frescura pra nada, adorava um bom papo. Curtia circular pelos bairros tradicionais, comer uma boa pizza, frequentava padarias. Mas aí o mundo pegou ela de jeito. São Paulo cresceu, viu que tinha belas pernas, entrou na academia, emagreceu, ficou com um puta corpão, arranjou um bom emprego, vestiu a carapuça da ganância e partiu pra cima, putinha corporativa. Começou a ter hábitos caros: restaurantes badalados, carros importados, apartamentos luxuosos, roupas, joias, sapatos... No fundo no fundo, Sampa não tem grana pra nada, por isso trabalha igual a uma cachorra o dia todo, não reclama e gasta tudo o que tem comprando o que não pode. Sampa adora o *status*, quer ser bajulada, idolatrada, quer ser uma Nova York. Mas apesar do que Sampa se tornou, aquela alma de gordinha ainda permanece. Você vai pra cama com ela e fica batendo altos papos depois da transa, madrugada adentro, fumando um cigarro, tomando um vinho, escutando um som. Sampa é a mina que você precisa de tempo para gostar e conhecer. Aí, você se apaixona perdidamente. E na manhã seguinte ela te empurra pra fora de casa e grita "VAI TRABALHAR VAGABUNDO!"

rio de janeiro

Rio de Janeiro é a eterna vadia. Biscate, mulher fácil, rodada, adora um gringo com dinheiro, samba como ninguém. É aquela mulher que você tem ao lado, sabe que vai ser traído várias vezes ao dia, mas não consegue largar. Você olha pra ela e vê

suas formas maravilhosas, você perdoa tudo. Rio não nasceu pra ser mulher de malandro, ela vem do morro, conhece as quebradas, cresceu na praia, com o biquíni enterrado no rabo, sempre bronzeada. Rio trabalha pouco, muito pouco, e quando trabalha pega leve, não vê a hora de sair do expediente, tomar um chope, fazer um samba, descolar um gringo, um fuminho, uma festa. Mas Rio é aquela mina que já foi melhor, já foi a mulher mais gostosa do Brasil, do mundo, hoje tem pinta de celebridade decadente. Ainda tem um corpão, mas anda judiada, meio suja, meio gordinha, inchada de cerveja e porção. Rio paga que é do bem, mas é meio mau caráter, faz trambique, roleira, adora um crime, se enfiar em roubadas. Quando você come Rio, é aquela foda espetacular, suada, louca, apaixonada, com muito calor, beijo na boca, música alta, é o paraíso. O problema é acordar na manhã seguinte com um cano na cabeça e Rio gritando na sua orelha
"PASSA TUDO OTÁRIO!"

paris

Paris seria aquela mina que você conhece desde moleque, mas nunca imaginou que um dia ia pegar: bonita, alta, charmosa, culta, intimidante, *manja* de política, adora arte, lê um livro por semana, madura, fuma e bebe vinho pra cacete desde os 12 anos, conhece o mundo desde pequena. Nas baladas, nas festas, sempre a mais cheirosa, a mais bem vestida, a mais gostosa, Paris só pegava os caras que já estavam na faculdade ou os quem tinham grana. Pegava homem ou mulher. Mas aí você cresceu e um dia encontrou Paris. Tomou coragem, partiu pra cima.

No final das contas, você comeu Paris e descobriu que ela não é nada disso, é só pose. Ela tem bafo de queijo, cheira a nicotina, é porca, manda mal na cama, adora discutir tudo, é chata pra caralho com essa porra de arte, cultura e política. Paris, eterna enganação.

nova york

Nova York seria aquela mina que sempre foi descolada, usava as roupas mais legais, sempre de marca, tênis da moda, relógio, curtia umas bandas que ninguém conhecia, mas que um dia virariam sucesso, sempre na frente, mulher interessante, multicultural, rodada, perigosa, boa e má ao mesmo tempo. Nova York é vibrante, cheia de energia, raramente dorme, já deu pra todo mundo: italiano, chinês, judeu, adora dinheiro.

De dia é uma executiva ambiciosa, de noite é uma louca varrida que adora o perigo. Mas aí quando você finalmente come Nova York, você se dá conta que uma punheta pensando nela seria melhor. Nova York é aquela mina que é melhor continuar no eterno amor platônico. No fim, ela mete de meia, só pensa nela, goza sozinha, dorme, ronca, acorda de manhã e vai embora sem falar nada. E você acorda num beco, pelado, sem dinheiro e sem documento.

marido boêmio
dolce vita

- Aonde o bonitão pensa que vai a esta hora?

- Ah, vidinha! Estou muito preocupado contigo! Cada vez mais distraída! Não está vendo que acabei de chegar?

BLACK

dara
guilherme granato

Teu ventre de mulher e o teu
Olhar de moça menina
A sorrir velado no breu
Do quarto do andar de cima

Na janela a lua amarela
Ornando o céu de janeiro
E você tão nua espera
Sobre a cama de solteiro

É o que reza a minha sina
Quando a beleza assassina
Meu pobre peito de menino

Ergo-me em brasa qual um astro
E o seu corpo feminino
É a minha rota no espaço.

não há vagas para cavalheiros de fino trato
carmen bentes

Depois de exorcizar um casamento mal-sucedido e doloroso, resolvera que o amor era perda de tempo. Que pessoa saberia conversar com sua alma?

Então ele apareceu de um passado que ela conhecia. Ela o admirava e tinha um incontestável tesão naquele homem moreno, agitado, ocupadíssimo, irreverente, talentoso e singular. Conhecia suas qualidades, trabalhara com ele. No entanto, vir a ser, este belo homem, o ocupante de seus sentimentos era - de fato - uma surpresa. Fiquei pasma!! Foram anos para que, por fim, o encontro se desse.

Com o caminhar da relação e a escassez dos encontros por conta das mil atribuições do moreno bonito, sua ausência era cada vez mais sentida. Ainda mais porque não era o tipo de mulher que pode ir saindo com um aqui, outro acolá, enquanto o coração está ocupado (sem julgamentos, outros).

Não há vagas para cavalheiros de fino trato, era o que o seu corpo e suas atitudes ostentavam.

Nesta ordem das coisas, teria um domingo especial. Ele iria passar a tarde com ela. Acordou cantarolando e feliz, providenciou "cositas" *sexies* para encantá-lo, tomou um banho longo, vaporoso e relaxante e perfumou-se.

Vestiu-se de vestal em renda branca, mas - tão logo ele a despisse - transformar-se-ia numa deusa do sexo (nossa que imagem mais tola, me acabei de rir quando ela me contou deste jeito mesmo).

Para esperá-lo, deitou-se na cama que logo seria cúmplice de todas as ardências. Não sei se foi o banho relaxante, combinado com uma semana inteira da gripe que a acometera e a debilitara, fato é que adormeceu sonhando com o largo sorriso do seu namorado.

Particularmente acho que ainda estão na fase de namorantes, mas ela é tãaaao comprometida com seus sentimentos...

Despertou às 20h30. Ele não fora nem avisara. Tão masculino isto! Resolveu acalentar-se sozinha e esperar o sono chegar. Adormeceu por volta das três da manhã. Sem raiva, sem insegurança. Mas com a frustração e a tristeza a lhe embalar entoando canções de ninar indesejadas.

No dia seguinte, não resistiu e ligou. Tão feminino isto! Um mega resfriado impedira-o de ir vê-la. Sentiu-se, talvez, um pouco menos priorizada do que deveria. Mas seus instintos (sei lá se estão corretos ou totalmente equivocados) lhe diziam que paciência e perseverança seriam fundamentais para ajustarem seus ritmos. Aí podiam pensar em cinemas, sair com amigos, jantar, dançar, beijar na boca, enfim praticar estas coisas tolas que fazem parte da felicidade.

Perguntei se ele valia à pena e como ela se sentia. Com uma firmeza de granito disse que estava feliz e ia insistir na relação com o namorado ocupadíssimo.

Em parte porque conhecia, sempre conhecera, sua rotina sufocante. Mas a verdade (mesmo que ela não me confesse jamais) é que fora ele o único a emocionar seu coração já totalmente congelado e desertor de afetos mais profundos.

Ainda não há vagas para rapazes de fino trato. Boa sorte, é tudo o quanto me cabe desejar a ela. Não sem um certo temor. 88

pés
nicholas merlone

Preciso confessar uma coisa: sou tarado por pés. Não me estranhe, justifico-me, como verá. Afinal, mulheres são indispensáveis, sendo que não conseguimos viver sem elas, apesar de haver algumas situações críticas, como esta em que nos ligam querendo saber:

"Tudo bem? E aí, a cerveja com os amigos está boa? Quem está com você?".

Porém, como disse, tratarei aqui de pés. Vejam só... Lembro-me de três casos reais, em que eu estava presente. E um quarto das telas da ficção...

O primeiro foi há algum tempo no metrô. Eu estava indo de terno para o estágio, segurando na barra. Então, uma linda morena de pele clara, com cabelos castanhos, vestindo roupa social, de saia e salto alto, entrou no vagão segurando uma pasta.

O detalhe marcante foi sua tornozeleira. Fininha, de prata, embelezava seu lindo pé delicado. Tinha um tornozelo um pouco grosso, bem modelado, realmente, belíssimo.

Minha viagem tornou-se mais agradável, mais prazerosa e me remeteu para outros lugares. Viajei dali para outro vagão, talvez o mesmo, só que vazio, onde eu beijava e lambia seus pés como seu fiel servo.

Pois é, acho que somente me rebaixo a servo ou a vassalo de mulheres, das com pés bonitos e perfumados. Devem ser bem cuidados... As unhas bem feitas e pintadas são fundamentais, devo dizer.

A segunda vez foi recentemente num curso que eu fazia. A moça tinha pele dourada naturalmente, e no pé a tatuagem de uma estrela.

Isso também chamou minha atenção e me tirou um pouco o ar durante as aulas. Ah, quando lembro dela de pernas cruzadas com o pé à mostra... !

A última, ou melhor, o último pé foi ontem no cursinho. Um belo pé de pele clara, de uma dona loira bem-humorada. Com uma tornozeleira, fica *sexy* e poderoso, charmoso e vivo! Ganha vida!

No cinema, tratava-se de uma comédia em que um maluco roubava todos os sapatos de sua paixão secreta. Um tarado por pés?!

A verdade, caro leitor, é que um pé bem cuidado, cada qual a seu modo, possui encanto e magia, ou melhor, a poesia inerente a cada um deles. E isso, para alguns pobres mortais como eu, trata-se de nosso calcanhar-de-aquiles... 88

fernando ricci

recém-casados
gustavo kosha

– Eu não acredito que só falta um sofá para completar a nossa sala!

– E eu não vejo a hora de comprar logo esse bendito sofá...

– Ai, Luciano, como você reclama. Você não se anima de passar uma tarde de sábado comigo escolhendo os móveis da nossa casa?

– Claro que sim, amor, é que a gente faz isso todo final de semana desde que a gente se casou, faz quase oito meses! Além do mais...

– Além do mais o quê, Luciano? Vai, reclama mais.

– Não, amor, é que hoje tem jogo às quatro, eu queria ver se consigo assistir com o pessoal, faz tempo que...

– Eu logo vi que tinha alguma coisa, quando você vem com esse papinho... você não viu seu futebol no meio da semana? Aliás, você assistiu a jogos na terça, na quarta e na quinta!

– Eu sei, Silvia, é que terça tinha rodada do Brasileirão da série B, quarta teve a final da Libertadores e quinta era rodada do Brasileirão da série A, como a gente tava sem fazer nada em casa, eu acabei assistindo e olha que...

– Luciano!! Olha que linda essa mesa de centro! Olha que graça!

– Mas a gente não comprou uma mesa de centro na semana passada?

– Compramos, eu só estou comentando, ou nem isso mais eu posso?

– Claro que pode, é que...

– Olha só o preço! Muito mais barata e muito mais bonita que a nossa!

– Mas, Silvia, você tinha achado a nossa maravilhosa, nós demoramos três meses para escolher, pesquisamos preços, matérias-primas, e você mesma...

– Achei! Luciano, olha este sofá! Meu Deus, que coisa mais linda! Era exatamente o que a gente *tava* procurando!

– Era?

– Claro que era, Luciano você não presta atenção mesmo nas coisas, né? Eu não tinha comentado com você que queria um sofá elegante, classudo e ao mesmo tempo mo-derno? Você concordou com tudo, lembra? Olha aqui, é esse. É exatamente o que a gente procura!

– Silvia, mas este sofá é uma fortuna, é o mais caro de todos que vimos até agora!

– Claro, né? Você quer qualidade, requinte, modernidade e não quer pagar por tudo isso?

– Eu quero?

– Claro que quer! Você não gostou, seja sincero... não olhe para o preço.

– Bom, eu achei bonito sim, mas essa cor é meio feia, não? Parece um roxo, meio azeitona, estranho.

– Ai, mas a cor pouco importa, eu não quero que você olhe para a cor, eu quero que você olhe para o *design*. Meu Deus, que sofá, senta nele para sentir o conforto!

– É, é confortável sim, tudo bem, a gente se aperta um pouco, faz em umas doze vezes e tudo bem, posso chamar a vendedora pra gente fechar o negócio?

– Calma, Luciano, a gente acabou de chegar, você já vai querer fechar assim, logo de cara?

– Ué, mas você não gostou deste? Não era o que a gente queria?

– Então só porque você quer esse eu não vou poder ver mais nenhum? Luciano você é tão egoísta às vezes...

– Mas, Silvia, você que falou que o sofá é maravilhoso, lindo, moderno e...

– Luciano! Olha este aqui, por favor, meu Deus, este aqui é perfeito, tão bonito quanto o outro, tão moderno e muito mais em conta.

– É, este aqui realmente tá muito bonito e é confortável também.

– Tá vendo? E você querendo comprar o outro! Ai, Luciano, tá vendo como não dá para ter pressa nessas coisas?

– Mas eu só falei pra gente comprar aquele mesmo porque você tinha adorado...

– Ai, Lu, mas este aqui tem um problema, você viu essa cor? Não é um pouco estranha?

– Mas, Silvia, você não me disse que a cor não importava? Que o que importava era o estilo, o *design*, o conforto… Assim não dá para entender.

– Luciano, você tá com muita má-vontade, isso sim, eu odeio quando você começa com essas grosserias. Deixa pra lá, a gente vê o sofá numa outra hora.

– Bom, eu não vou discutir com você por causa de um sofá, vamos embora, então?

– Não! Vamos voltar àquela loja para ver de novo aquela mesa de centro, o que você acha?

– Mas a gente já comprou uma mesa de centro, Silvia, lembra?

– Claro que lembro, mas qual o problema? Por causa disso eu não posso nunca mais ver mesas de centro? Vamos envelhecer e morrer com aquela mesa de centro que compramos?

– Mas já são quase três e meia amor, e o jogo?

– Que jogo, Luciano?

– Sílvia, a gente já falou sobre isso hoje, alguns minutos atrás, você não se lembra? Hoje tem jogo às quatro e...

– Ai, amor, olha ela aqui. Que mesa de centro, não? Sem brincadeira, olha que mesa de centro MA-RA-VI-LHO-SA!

– Amor, são quase três e meia… o jogo é às quatro...

– Tá bom, Luciano, tá bom… você é muito chato! Vamos embora, mas semana que vem sem falta eu volto aqui para ver esta mesa de centro de novo.

– Mas a mesa de centro a gente já tem amor, não é melhor vir pra fechar o sofá?

– Luciano! Olha esse aparador! Para, esquece tudo o que eu disse, vamos nos concentrar apenas neste aparador, você trouxe a planta do apartamento? Será que ele cabe naquele nosso espaço ao lado da porta? Sabe, ali em frente à mesa de centro que a gente comprou semana passada?

– Silvia, mas ali você não queria pôr o sofá? Não foi por isso que a gente veio hoje aqui? Pelo sofá? A gente já tem dois aparadores na sala. Inclusive um deles já fica quase em frente à mesa de centro!

– Ai, Luciano, não dá, sinceramente não dá, você tem uma má vontade absurda! Vamos embora.

– Bom, eu não vou discutir, já disse...

– Antes de ir para casa eu quero dar uma passada na casa da minha mãe, tá?

– Amor, mas e o jogo?

– Que jogo, Luciano?

– Tá bom, Silvia, tá bom! Chega, vamos para a casa da sua mãe e pronto.

– Ai, Luciano, você é tão grosso. Olha, sinceramente, viu? Eu já disse que... Luciano, espera! Olha que poltrona maravilhosa! Meu Deus do céu, que coisa mais linda!

– Desisto... vamos lá Silvia, vamos lá ver a poltrona

– Ai, Lu, eu te amo sabia?

– E o pior é que eu também, Silvia...

Se for partir, por favor, só deixe um bilhete se ele for premiado.
thiago panza guerson

(seu) organograma cerebral | camila briganti

divagações sobre sexo
fernanda carvalho

o sexo

fode tudo

mas, você

consegue

fuder

mais

ain

da

.

.

.

augusto - uma carta de amor
bruna nehring

Augusto, meu bem.

Gosto desse nosso sexo ao despertar. Hoje, porém, não te acompanhei correndo ao chuveiro. Estou imóvel, joelhos quase no queixo, olhos fechados. O cheiro azulado da tua loção passou por mim e teu dedo indicador percorreu o desenho de minhas sobrancelhas a caminho da saída do nosso quarto.

Fiquei entre os lençóis, ainda úmida de você, numa posição estranha e aconchegante, com a sensação de um calor desconhecido, renovado. Sim, porque foi um gesto novo. Uma coisa tão insignificante... Sempre foi assim ou foi só hoje que notei? Tenho ainda teu polegar apertando a base do meu ombro esquerdo, enquanto minha axila abriga a curvatura do indicador, teus outros dedos esparramados às minhas costas. Me dei conta deste novo toque num momento em que, surpreendentemente, me senti arrastada para dentro de você, como se você estivesse me engolindo para sempre. Quando você sai de mim, você também sente que está me levando dentro do seu corpo?

Hoje eu mesma vou fazer a cama: não saberia como esquivar-me do olhar da Rosa perante tantas evidências. E as crianças?Ainda vão me ver, se eu fui embora dentro de você? Como vou ajudá-las a fazer a lição de casa sem inserir nos seus cadernos as frases molhadas desta carta que não vou escrever...

Queria muito que você, à noite, me perguntasse o que eu fiz o dia inteiro. Responderia que passei o dia fazendo mil coisas enquanto te escrevia esta carta que não vou escrever. Pois para mim é difícil falar, dizer em viva voz, tudo que eu sei escrever tão bem, quando não escrevo...

hell
helga bevilacqua

A tarde ia pela janela. Meus olhos não se cansavam de ver prédios. Prédios e mais prédios, incessante paisagem. No banco de trás, um passageiro mascava chicletes no mesmo ritmo de um ponteiro de relógio. Eu tentava ler um livro em vão, mas o calor tornava o ar pesado demais e minha concentração desistia a cada vez que meu vizinho abria a boca. O som vicioso da saliva rodando na boca do moço se sobressaia ao som da rua. Fechei o livro e deixei meus pensamentos se perderem naquela paisagem cinza, naturalmente urbana.

Foi no ponto seguinte que ela subiu. Lembro-me de ter parado para prestar atenção nela quando sorriu em agradecimento ao cobrador que lhe devolvia o troco da passagem. Ela tinha um sorriso muito bonito, claro no rosto, um nariz fino e os olhos bem pequenos. Sua pele era branca a ponto de serem visíveis algumas sardas e, neste detalhe, apesar das roupas sérias, reconhecia nela um ar de menina. Seus cabelos eram castanhos, levemente aloirados e suavemente compridos. Eram tão finos que lamentei não poder tocá-los, pois pareciam extremamente macios. Ela tinha os seios pequenos, os quadris fartos e as pernas absolutamente grossas, o que naturalmente prendeu meu olhar, antes abandonado na janela. Do final da saia, que ficava bem no início do joelho, até o tornozelo, suas pernas eram deliciosamente grossas.

Não queria que ela me percebesse, mas ao mesmo tempo meus olhos já não tinham razão. Eles ficavam ali estáticos sobre aquelas pernas cobertas por uma fina meia-calça preta. Ela notou que eu lhe grudara as retinas e, como havia um lugar vago ao meu lado, perdi a vergonha e cheguei a me afastar induzindo que ali tinha um espaço para ela. Mas ela desviou o olhar e sentou-se ao lado de uma senhora.

Logo puxou conversa e pude ver que era bastante espontânea. Parecia muito simpática e sorridente. Eu, como só consegui vê-la de costas, ficava feliz quando ela me presenteava com um perfil. Podia ver seu nariz fino, certeiro, e, por sorte, do banco onde estava, tinha uma vista quase privilegiada de seu grosso tornozelo. Ela falava com tanta certeza sobre a vida e sobre os fatos que me curvei levemente para saber o que tanto dizia. Havia muita sinceridade em suas palavras e às vezes constrangia a própria senhora com tantas perguntas. Ela parecia engraçada o que me fez simpatizar com sua figura, mas ao mesmo tempo, sem muita certeza, me pareceu alguém um pouco instável.

Quando ela se levantou, o ônibus já havia cumprido metade de seu percurso. Me dei conta de que meu ponto havia ficado para trás há tempos, quando ela finalmente se despediu da senhora lhe dizendo seu nome: Helga. Eu, ainda hipnotizado em suas pernas suntuosas e roliças, pensei: deve vir de "hell". Aquela mulher tornava o calor o meu inferno. Aquelas pernas, aquele jeito, tão sincero, tão espontâneo. Aquele pecado de meias pretas tão comportadas. Aquela inquietude, meio menina, meio mulher. Aquele olhar pequeno e incontido. Aquele dúbio. Aquele misterioso nariz fino. Aquele silêncio em meio aos meus pensamentos curiosos, que se despediam sem, ao menos, conhecê-la.

* Texto elaborado na Oficina da MundoMundano, Desconforto Criativo, ministrada pelo escritor Fernando Carneiro, em maio de 2011.

lolita, lolita
ricardo kelmer

A cena sempre me extasia, sua língua faceira saltando três vezes... Olho em silêncio enquanto ela lambe o papel, fecha o baseado e acende, segurando na ponta de seus dedinhos finos. Ela puxa a fumaça devagar, os olhinhos fechados, tão linda... E eu amo sua boca enquanto ela solta a fumaça. A boca. Que ela sempre esquece entreaberta, na medida exata, meio dedo, ela faz de propósito, sabe que não resisto. O que essas colegiais andam aprendendo no intervalo do recreio?

Vai, fuma, minha amiga quem me deu, você vai gostar. Hoje não, meu anjo, obrigado. Ah, é?, então eu não faço aquilo. Então cumpro minha parte no trato, dou uma tragadinha, o suficiente para que a doce chantagista se satisfaça. Ela me mostra a língua, me chama de velho careta. Entendam, quero sóbrios os meus sentidos, para depois passar todas as imagens, uma por uma, e recordar... e recordar... até que seja novamente terça-feira.

Trancada a porta da suíte. Cerradas as cortinas. Os pequenos cuidados de sempre. Mas as cortinas, eu sei, ela depois abrirá para olhar a cidade, ela e seu prazer de me desobedecer. E eu paciente a puxarei para dentro, perigoso ficar na sacada, meu anjinho, eu já disse, principalmente assim de calcinha.

Ela protestará, claro: Seu chato, parece meu pai! E citará probabilidades, uma chance em mil de alguém reconhecê-la ali no vigésimo andar. Mas vocês hão de convir, já foi sorte demais encontrá-la, não tenho mais idade para abusar do destino.

No frigobar, ela se diverte: iogurtes, suquinhos e chocolates que devora e guarda na mochila, levará para a amiga. Na TV, para nos clipes musicais, essas bandas modernas com nomes estranhos e garotos idiotas que ela adora. Ela zomba do meu ciúme cantarolando em seu inglês vacilante, o que me faz lembrar de seu curso, justamente onde ela deveria estar agora. Mas vocês vão entender, as terças são minhas.

Ela vem para a cama, lânguida e relaxada. Tira minha camisa e brinca com os pelos brancos do meu peito, me aperta as sobras da barriga. Com meus suspensórios brinca de me chicotear, rindo como fosse a coisa mais engraçada do mundo. Depois salta da cama: Me dispa, escravo, é uma ordem! Sim, minha princesa!

Fico na ponta da cama, ela à minha frente. Tiro seu uniforme com cuidado, da outra vez rasguei a saia. Desabotoo a camisa e os seios pequenos me olham. Pergunto se estão com saudade e ela os move para cima e para baixo: Sim, estamos… E outra vez morre de rir. As meias brancas mantenho no lugar, quase no joelho, gosto assim. A fita no cabelo também. Ela ergue a saia plissada e surge a calcinha, hoje é azul clara, combina com a tarde. A vontade é de arrancá-la, me controlo, o coração quer sair do peito. A calcinha desce suave pelas coxas finas, beija os joelhos, pousa nos pezinhos… Engulo seco. Diante de mim a luz dos meus dias, fogo em minh' alma.

É nas curvas de seu corpo quase infantil que eu me desgoverno: tento dirigi-la, mas ela faz o que tem vontade e minhas juntas sofrem para segui-la. Ela geme sob o peso de meu corpo, dança sobre ele, senta em meu rosto, vira de costas, sim, sou tua Lolita, para sempre, sim…

Lembro do trato e ela cumpre a promessa, bebendo-me até a última gota, adora observar minhas reações. Depois, na telinha da máquina, ela apaga as fotos em que está feia e zomba da minha expressão apaixonada, manda por e-mail, *pliiis*, você nunca manda, malvado… Ela me oferece chiclete e diz que a amiga quer um dia participar também…

Paro, sem acreditar no que ouço. Você não devia ter contado, nossa felicidade não precisa de mais ninguém! Mas ela é minha amiga… Foda-se sua amiga!! Já falamos disso, quer estragar tudo, tem merda na cabeça?!

Vamos em silêncio até o *shopping*, uma lágrima escorre de seu olho. Que eu não vejo porque não ouso olhar, mas sei, porque é a mesma lágrima que tremula no meu. Paro e ela sai do carro, fecha a porta. Três passos e retorna, e emoldura o rosto na janela, e sussurra: Fica assim não, desculpa… A boca.

Por favor, não quero que acabe, *pliiis*… A boca entreaberta, meio dedo. Meu coração se derrete. Entrego-lhe o dinheiro do cinema e do lanche, mais um pouco para gastar com bobagens. Te amo, ela diz sorrindo, e eu respondo eu também. Ela conta orgulhosa que verá um filme de 14 anos, entrará com a carteira de uma colega. Não precisa correr, meu anjo, tem tempo. Mas ela já se virou. E lá se vai minha Lolita, correndo estabanada pelo estacionamento, mochila às costas, as pernas, as meias brancas. Tão linda em seu prazer de me contrariar.

charlie | mateus silva

atormentado
marcello fiore

Ele estava jogado no sofá. O cão, o cara, parceiro deitado a seus pés. Nem o cachorro o entendia mais. As coisas não o interessavam. Passava da uma da manhã e a televisão continuava ligada com alguma imagem que não importa o que era. Pensava nela. Levantou-se, foi até a cozinha fuçar na geladeira como num hábito maldito que precisava executar, apesar de saber que a geladeira estava fazendo eco. Nem uma porra duma garrafa d'água estava ali. Tinha gelo no freezer. No armário havia uma barrinha de cereal, um pacote com quatro bolachas de aveia e um saco de chá instantâneo. Chá, gelo e vodka. Voltou para a sala carregado. Na mesa, o copo cheio de vodka quente ao lado da garrafa pela metade. Misturou tudo e mexeu com o dedo. Hábito de brasileiro, no mundo, o único povo que mexe o *drink* com o dedo. Um gole. Desceu rasgando a garganta. Era melhor esperar o gelo derreter mais um pouco. Pensou nela outra vez e nos *Bloody Marys* que tomaram juntos. Mais de duas da manhã. No corredor, colocou o I-pod no ouvido. A mesma música. Inevitavelmente pensaria nela. Foi para a cama. Na cabeceira um livro de José Resende Junior: "Mulher Gorila e Outros Demônios". Lembrou-se de Bang-Bang. Texto fantástico. Teve vontade de ler um pouco. A vontade mudou. Transformou-se em vontade de escrever. Pensou qual poderia ser o assunto. Estava feliz e não era efeito do álcool. Pensou que Hemingway tinha razão: "Todos os bons livros se parecem: são mais reais do que se tivessem acontecido de verdade." Taí, iria misturar ficção e realidade, receita antiga, mas com pitadas do seu jeito torto de escrever, e talvez aproveitasse para inventar uma história qualquer, sobre algum personagem, só pra dizer que pensava nela, e já eram três e meia da manhã.

sobre amor e abraços gélidos
roberta batochio

Da última vez que se amaram foi especialmente difícil para ela. Dançavam na sala ouvindo o *playlist* da última viagem que fizeram juntos.

Ele a abraçou e beijou-a enquanto a despia.

Não existia a menor hipótese de ela alegar dor de cabeça, pois já fazia algum tempo que ela vinha se esquivando... e o sexo entre eles era especialmente frequente. E bom.

Ela fechou os olhos, beijou-o de volta e entregou-se. A relutância não durou mais do que dez segundos. Ele sabia tocá-la com maestria, sabia conduzi-la. Ele era um exímio amante. A química entre eles era perfeita. Ela já implorava para que ele nunca mais parasse de fazer amor.

Mas, eventualmente, o ato cessou. Os hormônios se acalmaram e ela voltou a si. Deitados ali mesmo no chão da sala, ela o abraçou de uma maneira fria.

Sentia seu corpo esfriar na medida em que sua mente se distanciava daquele momento. Aquela situação não podia persistir.

Seu amor por ele já tinha acabado... e o ato - por melhor que fosse - não substitui o sentimento.

Não sabia, mas talvez ele tenha sido o maior amor de sua vida. Ainda é.

Num ataque de anti-Amélia decidiu que o mundo dele era muito pequeno para suas ambições e que ela precisava ficar só. Assim, acabou.

Hoje, ela passa horas pensando na sua devoção. Nas delicadezas, nos mimos. No amor incondicional. Num bem-querer tão grande, que ela chegava a confundir com ciúmes e superproteção.

Em como ele tinha razão ao alertá-la de que a maioria de seus amigos não a levariam a lugar nenhum. Não passavam de gente interesseira, sem importância.

O mundo dele é o da transparência. Como ela pôde ter sido tão cega de não perceber isso antes? O maior dos mundos é o do amor! E o amor não tem cor.

Foi quando ela entendeu o quanto o amava... que amor é quando você quer dar tudo o que tem. Você ama a pessoa com os seus defeitos.

O resto, a paixão, tesão, posse, todo o resto que as pessoas confundem com amor é quando se quer devorar e consumir o objeto em questão.

Ela o devorara e o consumira enquanto ele a amara.
Ela fora egoísta demais. Sem saber.
Ela era apaixonada por ele. Loucamente.

Mas agora queria amá-lo. Queria devolver cada delicadeza, cada mimo. Queria dar tudo o que tinha. Se existia alguém neste mundo que merece tudo dela, é ele.

O procurou, mas ele não a quis mais.

Ela segue sua vida, alimentando-se de lembranças, devorando e consumindo tudo o que passa pela sua frente. Seu corpo e sua alma continuam gélidos, exatamente como na última vez em que se abraçaram.

Se ela apenas soubesse o que era amor...

uma mulher econômica
dolce vita

Vivia contrariada por não conseguir toda a atenção do marido. De tanto fazer bico, os lábios pareciam mais grossos. Economizou a plástica.

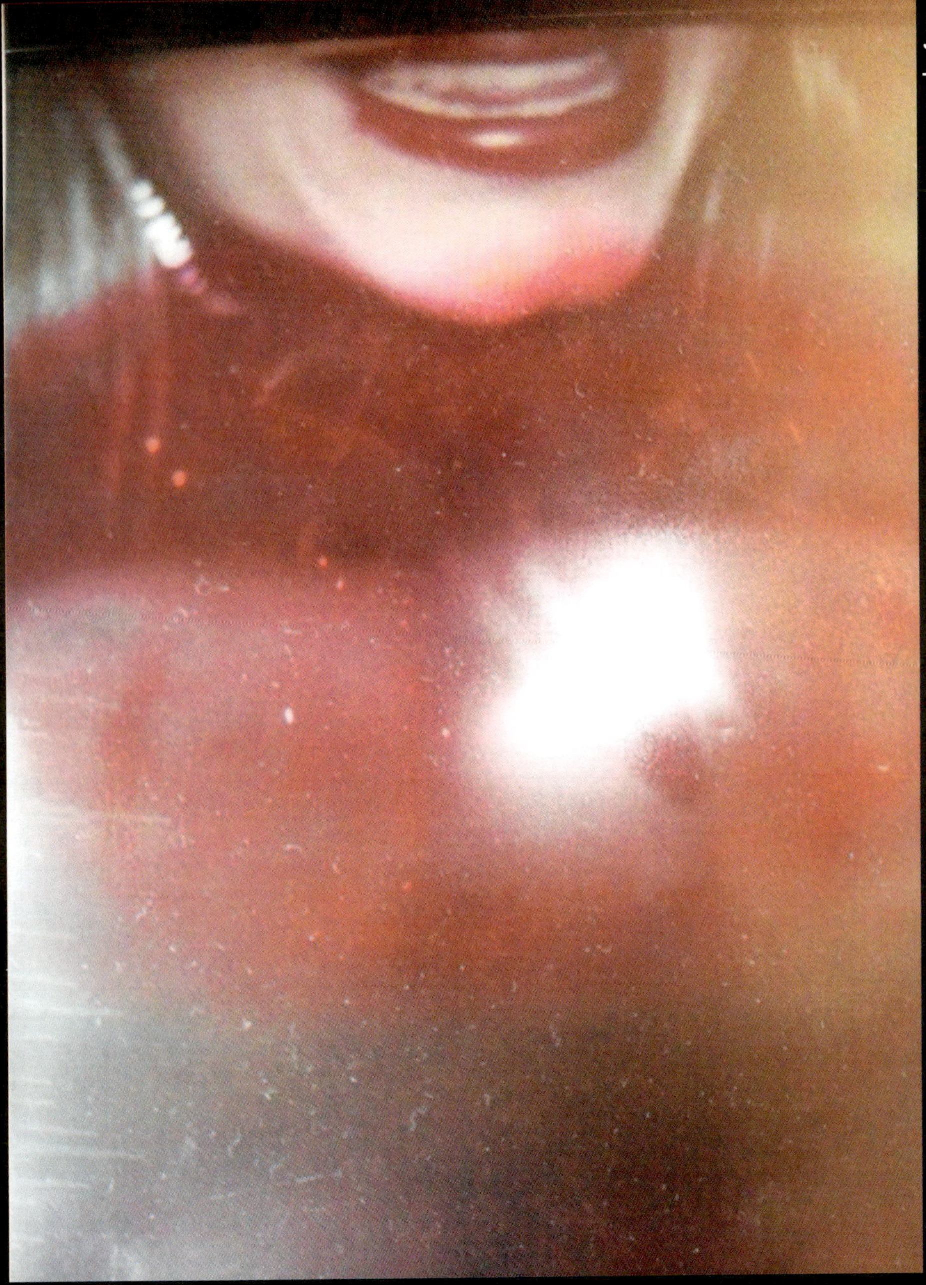

maria e jamelão | guto seixas

narciso
camila briganti

Era tão narcisista que só fazia amor com ele mesmo.

exercício de prosa poética
diogo parra

E a razão perde-se em palavras que se golpeiam reciprocamente. Torna-se patética nossa tentativa de diálogo, condenados que estamos à nossa eterna determinação de antílopes contra a parede, a parede, a parede de nossas próprias convicções. Custa-nos tanto construi-las, dar-lhes razoável brilho, que reconsiderá-las, confrontá-las a outras, efetivamente, se assemelharia a marretar o chão de argila que nos sustenta. Por sorte, há momentos em que a razão desintegra-se no movimento de fricção dos meus pés contra os seus, evapora com as gotas de suor, deixa-nos livre provisoriamente do peso da condição humana, e nos reconciliamos em nossa cama, encobertos pelo silêncio que, agora, faz duvidar que antes discutíamos.

o estuprador
homero gomes

Era noite e os bêbados se espalhavam pelas calçadas. Eu caminhava pensando nas poucas horas de sono que teria e na solidão curtida durante anos.

Parei de andar quando ouvi gritos abafados de mulher, vindos de um estreito sobrado. A porta estava aberta; consegui distinguir duas sombras movendo-se intensamente.

Me aproximei devagar e vi um homem enorme violentando uma adolescente, segurando-lhe a nuca.

Usando uma pedra, consegui derrubar o homem no chão. O resto, a jovem fez sozinha. Com um cutelo, ela cortou o seu violador.

O homem ficou caído sobre o próprio sangue. A adolescente, liberta do pano que bloqueava sua beleza, abraçava os meus joelhos.

Então, tomei o cutelo de suas mãos. Meus pés estavam presos ao chão.

Conversamos sobre o que faríamos. Ela queria queimar o homem e jogar os restos no rio, mas consegui dissuadi-la da ideia. O correto seria chamar a polícia.

Ela estava emocionada e secava suas lágrimas na minha calça. Eu também; nunca pensei que seria capaz de vingar humilhações.

Ela queria me agradecer. Eu insistia que isso era desnecessário, mas ela foi irredutível. Enquanto a sala se enchia do forte cheiro de sangue, ela abria meu zíper devagar. Eu não consegui evitar.

Então, ela aceitou o meu gozo caindo sobre sua língua.

Enquanto ela secava o suor acumulado na testa, eu fui lavar minhas mãos. O sangue do homem ficou seco e grudava meus dedos.

Passando pela porta, percebi um pequeno vulto que se mexia. Larguei o cutelo sobre a mesa e vi o que nos espionava.

Vestida humildemente, uma velha olhava para mim apavorada. Seu pequeno corpo tremia; eu fiquei paralisado ao ouvir o que ela murmurava:

- Estuprador! Estuprador!

último samba em paris
dolce vita

Para reacender o desejo, alugaram um apartamento vazio.
No primeiro encontro, riram como velhos amigos.

No segundo, devolveram as chaves.

para sempre
camila briganti

E aí, viveram felizes para sem......pre.
Sem paixão, sem orgasmo, sem sexo, sem vida. Sem porra nenhuma.

fernando ricci

acasalamento
carmen bentes

Não use palavras românticas
Use as mais baixas, as mais chulas
Só assim fico nua.

Não seja gentil ou carinhoso
Seja rude e vulgar
É assim que sei gozar.

Não me antecipe o que vai fazer
Use toda sua loucura
É assim que entendo o prazer.

Não me peça para fazer nada
Deixa-me seguir adiante
Só assim sou amante.

Não me peça permissão
Toma-me quando quiser
Só assim sou mulher.

Jamais faça amor comigo
Faça sexo.
Se lhe pareço ímpar
Não podemos ser dois
Sexo é o que quero na cama
Amor é o que desejo depois.

Se me mostro carnal
Ou por demais atrevida
Espere e nada me diga.
Não tarda você verá
Sexo é o que nos fará
Par por toda vida

a genética do dom
thiago panza guerson

Jerônimo conheceu Noemi num samba que acontecia aos sábado numa rua do centro. Não acreditou quando viu aquela morena, de anca larga, sambando na ponta dos pés e equilibrando, magistralmente, um copo de cerveja na mão. Fora o vestido curto e vermelho - cor que acidentava o coração do homem -, ela possuía os cabelos volumosos e encaracolados, do jeito que ele sempre havia sonhado.

Observou ao longe e depois da sexta música tocada - já com o álcool no pré-efeito - aproximou-se da donzela. Como um assopro, lançou o primeiro papo ao pé-do-ouvido:

- Que dom, morena! Que dom!

Noemi virou, sorriu em simpatia e voltou à a atenção ao samba. Jerônimo deu dois passos pra trás, pra abrir o alcance da visão, e passou aquele samba, e todos os outros, de olho na morena e no dom dela. Pagou cervejas, a presenteou com flores, escreveu poemas, falou de amor e compromisso sério. Um ano de samba, ela cedeu aos encantos de uma aliança e se casou com ele.

Jerônimo era apaixonado por Noemi e, absurdamente, vangloriado no seu dom. Fazia questão em desfilar com a mulher na feira, na rampa do Maracanã e no calçadão de Copacabana. Comprou-lhe tantos vestidos vermelhos que as mulheres do bairro a apelidaram de Mônica. Os homens a apelidaram, com milhões de apelidos, desde a primeira vez que a viram de costas.

Noemi engravidou e, mesmo com toda torcida de Jerônimo para nascer um centroavante, vascaíno e habilidoso com a bola, nove meses depois, nasce uma princesinha. Jasmim parecia mesmo uma flor, tinha a cara redonda do pai e os cabelos encaracolados da mãe. A felicidade reinou no lar até a vizinha, Matilde, grávida de um moleque, dizer que Jasmim namoraria o filho dela quando nascesse.

Jerônimo se transformou, o sangue subiu, a respiração ofegou, ele socou a mesa e gritou:

- Minha filha não vai namorar nenhum filho-da-puta!

No outro dia, logo cedo, Jerônimo foi até a igreja e fez uma promessa a São Jorge, pedindo que a menina crescesse sem dom.

De jasmim a menina não tinha nada, se ela fosse mesmo uma planta, deveria ser bambu, pois esticou num pulo, aos doze já era uma moça, carregada de peito e nádegas. Mas Jasmim, apesar de boa moça, não dava certo com nada. Não tinha dom com a matemática e nem com letras. Tentou aprender violão, mas parou, não saiu do dó. Era desafinada como cantora e desajeitada para a dança. Tentou ser manicure, mas pela quantidade de bife que arrancava, se daria melhor como açougueira.

Depois que eles perceberam que a menina sofria e que poderia entrar numa imensa depressão, Jerônimo e Noemi tiveram uma conversa séria, numa noite de domingo, sobre a filha e a falta de dom da coitada. Noemi chorou tanto que lágrimas brotaram também no rosto do marido.

Com o coração apertado, ele não aguentou e revelou a promessa que havia feito dezoito anos atrás. Jasmim, do quarto, escutou os gritos histéricos da mãe e a lamentação do pai. A menina fechou os ouvidos com o travesseiro e danou-se a chorar, carregada de toda culpa do mundo, afinal, ela não servia pra nada. Noemi, logo pela manhã, de cara inchada, arrumou as malas e foi pra casa da mãe. Jerônimo foi inchar o pé no bar. A desprendada se radicou na casa da tia.

Jasmim, meses depois, com olheiras mais ralas, aceitou o convite da prima e foi à praia. Copacabana, onde várias vezes a mãe, Noemi, desfilou de fio-dental ao lado do sorridente pai.

Tímida, ela retirou a canga sem saber a sensualidade que tinha no ato. Como se fosse uma cortina de teatro da Broadway se abrindo, os banhistas aplaudiram de pé, anestesiados. Sentiu as bochechas rosarem, mas um sentimento imenso de agrado se apossou inteiramente dela. Sentiu, naquele momento, que, de verdade, existia.

Passou a frequentar a praia todos os dias, com ou sem a prima. Desfilava no calçadão e desregulava batimentos cardíacos até de corredores assíduos. Assovios, cantadas, promessas, flores e pedidos de casamentos ela recebia de homens e até de mulheres.

Foi no domingo, com a praia lotada, que ela recebeu a proposta de posar para uma revista masculina, que até conhecia de nome. Duvidou no início, mas a prima, mais velha, ex-passista de samba e experiente, tomou a frente da negociação e descobriu que tudo era de fato verdade. A proposta, irrecusável monetariamente, foi aceita sem o consentimento dos pais, afinal, ela tinha dezoito anos e agora um dom.

A prima não aguentou de excitação e contou a Noemi, que abriu um largo sorriso quando soube, deu os parabéns para a filha e prometeu não contar ao pai, mas nem precisou.

No bar, peões e cachaceiros se amontoavam em cima de uma revista. Jerônimo, assim que entrou, quis dar uma folheada e bateu os olhos na filha, de vestido vermelho transparente. Pasmo, berrou:

- É minha filha, porra!

Todos se encolheram assustados num canto. Jerônimo ergueu a revista ao alto e deixou que o pôster se desdobrasse com a ajuda da gravidade. Com os olhos emocionados em lágrimas, observando o imenso sorriso da filha, exclamou:

- Ela tem o dom! Minha filha tem o dom!

nepal | kiko ferrite

eco
bruna escaleira

De repente escutei teus ecos
Percebi-nos tão perto
Mais do que todo corpo
Minha voz ia e voltava
Direto da tua pele
Pele perto, vira face da alma

Abri os olhos e vi diferente
Pelos óculos dos teus vãos
Era eu num mundo teu
Eras tu comigo dentro
Dois não se perdeu
Mas surgiu um novo

Éramos nós ecoando
Na energia transcendental
Éramos tudo e nada
Mais perto que distância
Fomos e voltamos num eco
Inexplicavelmente perto

a gota d'água
ricardo kelmer

Razão. Você a evoca, angustiada. E a razão surge, gritando em cada sinal vermelho: pare de ser louca! Mas aí o sinal esverdeia e você precisa seguir em frente na tarde cinza, entre os automóveis e a chuva que não cessa. Ainda bem. Não fosse o sinal verde, talvez agora você ainda estivesse ali, pensativa, o carro parado no cruzamento. O cruzamento alagado da ruazinha da razão com a imensa avenida da loucura... e do desejo.

As pessoas na rua correm para se proteger da chuva, todas certas de seu caminho, seguem rápidas e decididas. Você não. Você segue devagar e o seu medo de prosseguir reza para o próximo sinal estar fechado. Pararia ali mesmo no meio da rua não fossem os carros atrás. Tudo em seu ser se contradiz, uma célula quer ir, outra morre de medo. Sim e não. Verde e vermelho. Em seu peito, o coração bate no compasso da urgência, não; em suas veias, o sangue se desencontra, sim. No rádio, música nenhuma entende seu estado de ânimo. E essa chuva a deixar tudo ainda mais confuso... Sim e não. Ai, que vontade imensa de gritar... Você respira fundo. E acelera.

Francamente falando, você sabe muito bem que limites existem para serem quebrados, não é? E os seus há muito que lhe desafiam. Sim. Para ser exato, desde que ele surgiu, de repente, não mais que de repente. Ele e seu olhar inquietante, o jeito diferente... Você já não sabe se ele é louco ou se louca fica você toda vez que o vê. Tem algo nele que dá um calor, não é? Você nunca sentiu antes, não sabe explicar. Não. É algo meio insano, que a faz inventar mentiras e largar o trabalho no meio da tarde. Algo que a faz soltar o cabelo, deixar o sutiã na bolsa e sair no meio dessa chuva louca. Ai, e essa chuva... Sua vida era tão certa e hoje tudo é tão imprevisível. Mas ao mesmo tempo você tem raiva dele, por invadir assim seu espaço, virado seus dias de cabeça para baixo, ele não tinha o direito, não tinha. Não. Sim, ele tinha.

Ahnn... mas e a ética, como fica? Afinal, você tem namorado. E você o ama. Bem, na verdade talvez não o ame como achava que amava. Sim, pois se amasse não desejaria esse homem assim. Ou não? Ou o amor nada tem a ver com o desejo? Se os homens são capazes, por que você não seria também? Uma mulher pode entregar-se a um homem, uma vez só, e voltar para outro, como se nada tivesse acontecido? Como uma chuva que vem de repente e depois já passou? Sim, pode, você mesma responde, surpresa com a própria determinação. Pode voltar sim, mas não como se nada houvesse acontecido, pois sempre terá acontecido, sempre... - você completa, olhando seu sorriso estranho no retrovisor. Você lembra da última briga, um dia antes, e então seu pé pisa mais fundo no acelerador, sim. E a chuva aumenta. Sim. Não. Não se trata de vingança, nada disso. É só a velocidade do desejo. Não. Na verdade é mais que isso. É uma necessidade. Sim. Você tem de encontrá-lo. Você precisa. Sim. É a única coisa que importa agora.

Em frente ao prédio dele, dentro do carro, você inventa mil coisas para se dar mais um tempo para pensar. Olha a chuva lá fora, ajeita o espelho, sente o ar abafado dentro do carro, é como estar numa gruta úmida... Então finalmente pega o celular. E liga. E deixa chamar uma vez. E desliga. Agora só tem de aguardar alguns segundos, só isso. Mas não são alguns segundos - é um século! Um século inteiro de dúvida e angústia, aonde razão e desejo vêm se chocar em sua alma feito as gotas da chuva que batem no vidro, uma gota sussurrando sim e a outra gota gritando não, sim e não, não e sim...

Lógico que não! Súbito, você se dá conta do absurdo. Claro que não. O que está fazendo? Esperando por um homem que mal conhece? Para quê? O que lhe dirá? Que largou o trabalho no meio dessa tempestade só para lhe desejar boa tarde? O que ele vai pensar? Vai pensar que é louca, claro. De repente, tudo fica límpido como um dia de sol. Não, não vale a pena se arriscar tanto por algo que não tem chance de dar certo, não, alguém que você não sabe quem realmente é, não, alguém que semana que vem irá embora, alguém que...

A porta se abre, porém. E ele entra depressa, sentando no banco ao seu lado. Todo molhado, rindo, parece um menino travesso. E você dá de cara com aqueles olhos, aquele sorriso... Meu Deus, você pensa, me ajude, por favor, me ajude... Mas seu deus não pode ajudar, não com essa chuva toda. Não. Ele então se aproxima, estende a mão e delicadamente toca seu rosto. Não é mais um menino travesso, é um homem, essa mão é de homem, esse cheiro é de homem, você sabe, o seu corpo sabe. Então tudo que não podia acontecer, acontece: uma gota d' água escorre... da mão dele... para dentro... de seu decote. Sim. Você a sente deslizar... pelo contorno do seio... devagar... cada pelinho acusando... a passagem da gota. Não. Enquanto a gota prossegue em seu íntimo percurso, você fecha os olhos, um arrepio na alma inteira. Sim. Você quer morrer só para não ter que decidir. Você se controla para não abrir a porta e sair correndo, uma louca gritando na tempestade. Você quase explodindo, esticada entre o sim e o não, o não e o sim... Não. Não, você não abre a porta. Nem grita. Nem poderia. Porque os lábios dele, molhados e quentes, tocam os seus e toda dúvida se desmancha em sua boca. E da vida previsível faz-se aventura. Não mais que de repente.

foda-se
bruna nehring

"Posso sentar-me à sua mesa?"

Foi assim que se conheceram. Uma química veloz os reúne sempre no mesmo café.

Ela, sóbria e elegante, entre entrevistas, a procura de emprego. Ele, esportivo, corrente de prata sobre relógio vistoso, aparentemente sempre à toa.

Ela Marta, ele Domingos. Que nome antiquado, suburbano... Mas tem o olhar sempre em busca de uma fresta de decote e um jeito especial de tocar em xícaras e *croissants*.

Mais do que uma vez, Marta sentiu os mamilos, veementes, debaixo da seda.

Indefectível, um dia veio o convite. "Faço uma omelete imbatível. Janta comigo?"

Carro um tanto velho, mas limpo e incrementado. Estaciona num supermercado: "Um vinhozinho...? Me espera um instante?"

No porta-luvas aberto uma revista a convida, e lá está seu horóscopo: "Ótimas perspectivas de contratação às quartas. Cautela aos sábados. Domingos perigosos".

Assustada, hesita. Mas lá vem ele com aquele sorriso. A seda lhe aperta querendo estourar a camisa. Ela, decidida, com uma mão atira a revista no banco de trás e com a outra, vagarosamente, começa a soltar os primeiros botões num gesto definitivo. 88

realidade
deca queiroga

Pare de recitar poemas e me diga ao pé-do-ouvido sacanagens.
Pra que imaginar meu cheiro se também sinto saudades?

Deixe de imaginar suspiros e puxe meu cabelo.
Quero você na minha cama e não piscando em janelas com mensagens.
Sou mulher, estou viva, então pare de perder tempo com possíveis imagens.

Me abrace por trás, raspe sua barba no meu rosto, me enlace pela cintura, pois o que procuro está longe de amenidades.

Não quero contos de fadas nem frases pensadas, quero colorir toda a moldura ao vivo.

Esqueça as músicas românticas de fundo e cubra todo o silêncio com sua respiração.
Quero ser ofegante, gemer de prazer e, só depois de tudo isso, talvez te beijar meiga, assim, como quem não provocou nada...

o conto do abismo
helga bevilacqua

Em uma tarde fria e cinza, dessas em que as nuvens envolvem todo o céu, fazendo com que pareça mais próximo, ele também me envolve, colocando sobre os meus olhos uma venda. Há um certo cuidado no modo como me amarra. Há um certo carinho.

Quando tem a certeza de que não vejo mais nada, ele pede uma das minhas mãos para que, então, me conduza em passos confusos, por um caminho longo e estreito. Um pouco nervosa, chego a rir. A forma como entrelaça seus dedos entre os meus me provoca cócegas. Enquanto me leva, consigo respirar todas as suas palavras. É como se fosse oxigênio para o peixe fora d'água que agoniza dentro de mim, mas que já me acostumei a ser.

Em pouco tempo ele se torna adorável e incrivelmente familiar. É tão fácil enxergar sobre o escuro. Suas palavras acariciam os cantos mais escusos de minha orelha e escorregam doces por dentro. É leve sua presença. Seus passos disformes compõem quase uma dança. Gosto do caminho. Gosto do carinho.

De repente, ele para. O som de todos os passos é substituído pelo vento, que sopra frio sobre o meu rosto. Vagarosamente, ele tira a venda dos meus olhos, pedindo para que eu os mantenha fechados. Leve, ele se encosta sobre os meus ombros e sussurra delicadamente: sou casado.

Abro os olhos. Estou na frente de um abismo. Vejo-o sumir diante de uma imensidão escura, onde devem estar todos os desejos. Sinto a febre suicida de quem não teme mais se jogar. Mas covardia maior seria a minha?

Às vezes, tenho vontade de pedir às pessoas que me deixem imaginá-las por mais tempo.

©william tôkis
tokis-art.com

eu te amo
sandra schamas

Toda semana eram vinte e oito camisas e vinte e oito camisetas para passar. Fora as cuecas, os pares de meia - inclusive as de futebol -, as calças jeans, bermudas e calções. Marido e três filhos homens, seu orgulho. Na sala, a mesa de passar em frente à TV, as pernas doendo e o suor escorrendo. Primeiro o colarinho, depois os punhos e as mangas, as costas, os ombros e a parte da frente. Trabalho ingrato. Ela escuta barulho de chave na porta da frente, entra o seu mais velho com pressa:

- A camisa azul está passada? Vou tomar banho e vestir agora.

- Olha aqui, já leva.

Dez minutos depois ele aparece de cabelo molhado, só de calça e a camisa azul toda amarfanhada na mão:

- Já não disse que eu detesto colarinho engruvinhado, porra! Que merda!

- Dá aqui que eu passo de novo.

- Agora não quero mais, foda-se.

Ele foi até o quarto, pegou uma camiseta, saiu vestindo e falando ao celular.

- Malcriado, puxou o pai - disse ela.

A TV continuava ligada, mas ela não prestava atenção, passava a roupa apenas. Quando terminou, já estava escuro. Enquanto recolhia tudo, o marido chegou batendo a porta e jogando a mochila no meio da sala. Estava com fome, queria jantar.

- Tem arroz na geladeira, diz ela. Frita um ovo que eu tenho que guardar isso tudo.

- Arroz com ovo, mulher? Está pensando o quê? Eu trabalho o dia inteiro, trago dinheiro para casa, chego e não tem janta? Mulher burra, não presta para nada. Eu quero comer comida! Vem fazer o jantar.

- Faz você. Estou ocupada, respondeu ela, equilibrando uma pilha de roupa em uma das mãos e os cabides com as camisas passadas na outra.

Depois de guardar tudo, voltou ajeitando o cabelo no alto da cabeça e foi até a cozinha preparar o jantar. Ele estava parado olhando para ela com ódio, socando uma mão na outra, como quem vai brigar.

- Ué! Que foi, homem? Já vou fazer o jantar.

Mal acabou de falar, ela sentiu o ardor do tapa na cara. Segurando o rosto, cambaleou e caiu, batendo a cabeça no mármore da pia. Ele foi para a sala furioso, gritando e xingando tanto que nem reparou que ela não se mexia mais. Minutos depois voltou. Viu sangue se espalhando na cozinha e ela lá, imóvel, de cara no chão. Reclamando ainda, ele a levantou e sua cabeça pendeu pesada para trás, mostrando o buraco na testa e o rosto desfigurado. Da boca entreaberta escorria sangue e saliva. Os joelhos estavam dobrados, os braços pendiam e os olhos esbugalhados fitavam o vazio.

- Acorda, mulher, acorda! Pelo amor de Deus. Olha o que você fez. A culpa foi toda sua, toda sua, entendeu? Não faz isso comigo, acorda! Eu te amo, eu te amo, eu te amo...

cinco minutos de antirromantismo
taty kielberman

- Amor é privilégio de maduros estendidos na mais estreita cama, que se torna a mais larga e mais relvosa, roçando, em cada poro, o céu do corpo.

- Ai, querida! Sinceramente, não aguento mais ouvir esses seus versos de amor! São tão tolos, clichês. Você não tem algo diferente para recitar ou dizer, não?

- Puxa vida, benzinho! Achei que gostasse tanto das poesias que eu leio todos os dias para você, após o jantar. Para mim, soam tão lindas e românticas, bem no clima do nosso casamento!

- Nossa, você está completamente enganada! Se existe algo que eu não gosto na nossa relação, é disso. Caso não se importe, passaria muito bem sem esses versos ilusórios e fantasiosos.

- Tudo bem, sem problemas! Daqui para frente, eu os lerei apenas para mim mesma, antes de dormir. Só quero te avisar, também, que vou me abster de algumas outras tarefas, fora essa! Não vou mais recolher as roupas que você deixa espalhadas pela casa, não me comprometerei mais a deixar o seu jantar pronto para quando chegar do trabalho... Ah, e a partir de hoje, é você quem busca nossos filhos na escola, está bem assim?

- Hummm... Pensando bem, amor, sabe que até gosto dessas poesias que você recita? De quem é essa última que você leu, poucos minutos atrás?

- Ah, quer dizer que mudou de ideia, espertinho? É de Drummond!

- Não mudei de ideia, apenas reconsiderei alguns conceitos... O que acha de chamarmos Drummond para jantar aqui em casa na semana que vem?

- Amor, Drummond faleceu há mais de 20 anos!

- Está vendo, querida? É por isso que te adoro, você sempre me entende! Como é aquele outro verso bonito, mesmo? "Amor é fogo que arde sem se ver, é ferida que dói e não se sente!"

- Isso é Camões!

- Ops! Enfim, valeu a tentativa! Se, de repente, Camões estiver vivo e você quiser convidá-lo, fique à vontade!

até que a morte separe ou louca por casamento
dolce vita

Após três uniões fracassadas, não desistiu da ideia do casamento. Diante do espelho, enquanto colocava a nova aliança, escolhida na joalheria de seus sonhos, prometeu amar e respeitar a si mesma por todos os dias de sua vida.

flor guds | tôkis

o casamento de emilinha
flavia melissa

Emilinha queria muito se casar. Queria, sobretudo, ter filhos; ser mãe sempre havia sido seu maior sonho. Por querer tanto se casar, e também por ter chegado aos trinta e oito anos solteira, aceitou que fosse Gilson seu noivo, apesar dele não reunir as características ideais: era baixinho, gorducho e usava óculos de fundo de garrafa.

Conheceram-se pela Internet. A família de Emilinha não gostou muito da ideia da única herdeira de uma fortuna em cabeças de gado se casar com um saxofonista malsucedido que encontrara, na instalação de equipamentos de ar-condicionado, a solução parcial de seus problemas financeiros. Mas o brilho nos olhos de Emilinha era tão forte que ninguém teve coragem de dizer nada.

Gilson já havia sido casado e era muito reticente em falar sobre os motivos do casamento não ter dado certo, apenas baixava os olhos e dizia que a ex-esposa não o entendia. Esta era a deixa para que Emilinha pousasse sua mão sobre a dele, suspirasse e mudasse de assunto.

Quando o grande dia chegou, todos testemunharam as lágrimas que rolavam pelo rosto de Emilinha. Diante de cada cumprimento recebido, a recém-casada respondia, emocionada, que agora só faltava-lhe um filho para sentir-se plena. Poucos foram os convidados que perceberam a expressão tensa no rosto de Gilson a cada vez que ouvia a esposa falar sobre filhos.

Os primeiros meses do casamento foram maravilhosos. Emilinha adorava receber visitas e mostrava cada cantinho da casa, sempre agradecendo nominal e pontualmente o presente recebido pelo visitante. Depois de todos sentarem-se à mesa, Emilinha servia chá, refrigerante e bolos. Estava tão feliz que alguns chegaram a sentir-se mal por suspeitarem de sua capacidade em escolher seu marido.

Por volta do sexto mês de casada, Emilinha começou a engordar. Os amigos questionaram-se: estaria ela finalmente grávida? Mas, em pouco tempo, o que era uma possível barriguinha gestante rapidamente se transformou em um volumoso ventre, sustentado por enormes quadris. Quando sorria, abaixo do queixo se formava uma enorme papada.

Para os amigos mais próximos, Emilinha queixava-se que vinha se sentindo solitária. Gilson viajava muito a trabalho e ela, não se sabe por que, não conseguia engravidar. A verdade é que, sempre que chegava em casa e via-se solitária, Emilinha arrumava a mesa como nos primeiros meses de casamento e devorava, sozinha, todos os bolos e chás e refrigerantes. Quando tinha o marido em casa a exigência pelo sexo fecundo deixava Gilson desconfortável e constrangido e, a espontaneidade desaparecendo, o clima esfriava de vez.

Às vésperas de completar um ano de casada, Emilinha aceitou consultar-se com um psiquiatra, que lhe receitou o uso de antidepressivos. Afastou-se do trabalho e dos amigos, mergulhando de vez na rotina de arrumar-e-tirar-a-mesa-repleta-de-chás-refrige-rantes-e-bolos, engordando tanto que, por vezes, adormecia no sofá da sala; se cansava muito no processo de se arrastar escadas acima para dormir em sua cama. Gilson viajava cada vez mais e, quando chegava em casa tarde da noite, não tinha coragem de acordar a esposa; nas poucas vezes em que o fez, se arrependeu.

Depois de ler em uma revista feminina que a obesidade prejudicava a fertilidade, com um ano e meio de casada Emilinha se submeteu a uma cirurgia de redução do estômago. Tempos mais tarde, uma vizinha viria a revelar que assim que Emilinha recuperou a antiga foma física as discussões com o marido se tornaram mais frequentes. "Como posso engravidar se você nunca está em casa?", gritava Emilinha a plenos pulmões. Aparentemente, a compulsão alimentar que havia levado Emilinha a cortar fora o próprio estômago, se deslocara para a obsessão em ter um filho; parecia que ela sentia falta de ter a barriga cheia.

Ao completar dois anos de casada, Emilinha começou a falar em testes de fertilidade. Havia se casado, possuía uma linda casa, mas nada disso a faria feliz se ela não pudesse ter filhos. Gilson havia sido reticente em submeter-se aos procedimentos, mas cedera em virtude da fúria de sua mulher. E o que se descobriu, diante do resultado, é que Gilson era praticamente azoospérmico. Ao saber que a ex-esposa de Gilson engravidara, em questão de meses, do primeiro namorado que tivera após o desquite, ficou claro que apesar de saber de seu sonho em ser mãe, Gilson sempre soubera ser infértil e nunca lhe contara nada.

Naquela noite, quando a polícia atendeu a um chamado da vizinhança que se queixava dos gritos do casal, não encontrou resistência em entrar na casa. Ao tocar a campanhia, quem abriu a porta foi uma bela mulher trajando um vestido de noiva com uma grande marca de sangue na altura do ventre. Abriu a porta, convidou os homens fardados a entrarem, e pôs-se a colocar a mesa, servindo chá, refrigerante e bolos. Segundo o tenente responsável pela abordagem, o mais impressionante era que a mulher simplesmente "pulava" o cadáver do marido, parecendo não enxergá-lo.

Aos policiais, Emilinha contou que havia conhecido sua alma-gêmea pela Internet e que, em breve, iriam se casar. Na cozinha, foi encontrada uma faca de pão ensanguentada. Emilinha foi considerada culpada pelo crime cometido, mas seu estado de insanidade levou-a a uma condição semi-inimputável, sendo recomendada sua internação em uma instituição psiquiátrico-judicial.

Emilinha vive hoje com outras cinquenta e quatro mulheres, todas vestindo suas camisolas brancas. Ela ajusta a sua na cintura como se fosse um vestido, e é constantemente flagrada no jardim do hospital colhendo flores e prendendo-as nos cabelos como se fossem uma grinalda. Ainda diz que em breve irá se casar e ter filhos; convida as outras internas a se sentarem com ela à mesa e lhes serve chá, refrigerante e bolos imaginários. Depois as leva para um passeio, apresentando cada pedacinho da instituição como se fosse sua casa. Algumas vezes, antes de ficar em silêncio parecendo morta por dentro, chega a agradecer pelos presentes recebidos.

Emilinha queria muito se casar.

eu e elisete e mais ninguém
gustavo gessullo

Venho da classe média de São Paulo. E sou de uma geração onde os homens trabalhavam o dia todo e as esposas ficavam em casa. A maioria das famílias era assim, eram raras as mulheres que se aventuravam no mundo machista do trabalho, era mais confortável então ficar em casa, lavar, passar, cozinhar, assistir programas de televisão emburrecedores, novelas, e esperar o marido chegar em casa para escutá-lo reclamar do seu dia. Quase toda família de classe média tinha uma empregada, uma mulher que ajudava as donas de casa nos serviços domésticos.

Na minha casa éramos três moleques, na verdade quatro, pois meu pai também não ajudava em nada: chegava em casa cansado, comia, deixava o prato sujo na pia, jogava as roupas no chão do banheiro, tomava um banho e ia para o sofá ver um jogo de futebol.

Eu e meus irmãos acompanhávamos meu pai, e minha mãe e sua empregada ficavam lá na cozinha, deixando tudo limpo para a labuta que começava bem cedo no dia seguinte. Às seis da manhã minha mãe já estava de pé, ia à padaria comprar pão e voltava para espremer laranjas para o suco do meu pai, que tinha sempre de estar bem gelado quando ele acordasse.

E eu me lembro da Elisete, a empregada da minha mãe, que também acordava às seis da manhã. Ela tinha um quartinho na área de serviços de casa, sua cama, suas coisas e ficava ali a semana toda, para nos fins de semana voltar a sua casa de verdade, nos subúrbios da cidade.

Elisete tinha peitões incríveis. Eu voltava da escola e ficava circundando Elisete, perguntando coisas pra ela, observando-a trabalhar, espiando seus peitões balançarem enquanto passava minhas cuecas. Rafa, meu irmão caçula, ainda era muito pequeno para entender aquilo, e o Léo, o mais velho, era um adolescente que já tinha suas namora-dinhas de verdade e um quarto só dele, onde ficava trancado a tarde toda brincando com seus hormônios.

E eu tinha uns dez anos, não queria mais saber de brinquedos. Então, Elisete e seus peitões me interessavam demais. Eu me lembro que no meio da tarde a Elisete ia descansar um pouco no seu quartinho, assistir TV e tricotar, e eu pedia pra ficar ali com ela, sentado ao pé da cama, bem comportado.

Elisete ria com os programas de auditório e eu só achava graça nos seus peitos. Eu queria olhá-los de verdade, tocá-los, mas temia que Elisete me repreendesse, que contasse pra minha mãe, que esperaria meu pai chegar e contaria pra ele e, enfim, eu tomaria uma surra das grandes. Mas a surra valeria a pena. Acho que foi a primeira coisa que aprendi como homem, que vale a pena uma boa surra para ver uns peitões.

Então cheguei um dia da escola decidido. No meio da tarde, Elisete entrou no seu quarto e eu entrei em seguida, minha mãe estava longe, e aí eu disse "Elisete, posso ver seus peitos?". Ela deu uma risada, passou a mão nos meus cabelos e assim, de repente, tirou a blusa. Meus olhos estalaram e ela então tirou o sutiã. Os peitos maravilhosos de Elisete brotaram na minha frente, e ficaram ali firmes e dançantes por alguns segundos. Ela se vestiu novamente e disse "Não conte nada a sua mãe". Aquele então era o nosso segredo. E assim foi, todas as tardes, por alguns poucos segundos... Eu e Elisete e mais ninguém.

amante imaginário
camila briganti

Descobri que não existo.

Me apaixonei e ele dizia que me amava. Queria viajar o mundo e ir somente para os lugares mais inusitados. E íamos. Com ele conheci coisas que jamais poderia imaginar existirem.

Lembro mergulhar na água límpida de uma privada de um banheiro encardido e sair no mar cristalino do Caribe. De caminhar pelas areias brancas e de repente flutuar pelas nuvens, no meio dos oceanos mais profundos.

Voávamos. E não era imaginação. Observava o mundo de cima e me divertia ao ver cercas espalhadas pelas ruas. Ficávamos inconformados com o mundo dos humanos. Amávamos. Nosso mundo era a nossa Pasárgada. O justo existia, porque inexistia o injusto. Tudo era simples, de fácil resolução.

Eu era bailarina, filósofa, escritora, médica. Poeta, amante, amiga. Esse mundo humanoide onde há necessidade do dinheiro, sempre foi algo deveras distante para nós, que vivíamos somente a observar. A observar esse mundo de loucos, que se corrompem por papel e se acham superiores por isso.

Ele me amava. Aliás, eu era a única pessoa com quem ele conversava. Falávamos sobre tudo. Não havia segredos entre a gente. Verdade que de vez em quando ele sumia. Era o nosso pior momento. Médicos enfiavam agulhas em suas veias e corrompiam sua alma. Diziam que ele era louco. Louco são vocês que matam!, eu gritava. Vocês estão matando duas vezes!

Depois dos medicamentos, a tristeza. A tristeza que perdurava para sempre. Éramos obrigados a ficar distantes. E ele escrevia pelas paredes "la tristesse durera toujours", plagiando as últimas palavras ditas por Van Gogh: a tristeza durará para sempre. Sim, era isso o que sentíamos quando estávamos distantes.

Me perguntava se alguém teria a capacidade de dosar como cada um pode ser feliz. Nunca obtive resposta. Afinal, a nossa separação não era opcional.

E daí começavam as brigas. Diziam que eu não existia. E ele se revoltava. Eu me revoltava. Muitas vezes, depois dessas crises, ele me mandava embora. Mas eu sabia que ia passar. Sempre passava.

E passou.

Dessa vez passou e passou para sempre. Estávamos no seu aconchegante apartamento, bebendo vinho e planejando o futuro. Nunca fizemos isso antes. Decidimos lutar para nunca mais nos separarmos. Para fugir desse mundo hipócrita e ir para o nosso mundo. Lá somos felizes.

Fizemos amor.

Nunca tínhamos feito amor daquela forma. Parecia ser a última. Depois do amor, continuei deitada, enquanto ele - como sempre - levantava para se lavar. Gostava de vê-lo se lavar. Mas dessa vez foi diferente. Ao invés de ir para o banheiro, acendeu um cigarro. Foi para a janela e fixou o olhar nas estrelas, que aplaudiam o nosso ato. Era o ato da fecundação.

Ele olhou nos meus olhos, estendeu a mão e pediu para voarmos até elas. Elas nos chamavam. Queriam abençoar nosso amor. E, num ímpeto, ele voou. Decolou em direção às estrelas que sorriam como nunca haviam sorrido.

E eu o vi cair.

.......................cair

..................cair

..........cair

.....cair

...

E foi a partir daí, desse voo para as estrelas, que descobri não existir. Descobri ser, como dizem os médicos por aí, a imaginação da sua esquizofrenia.

E agora pergunto: se não existo, para onde vou?

atracado | franco rattichieri

a poesia
andré braga

A arte de versar; despertar o sentimento belo... poesia. A definição a ela dada, trancafiada no dicionário, serve só para alimentar os leigos. Vinho envelhecido sem rótulo, ela, traçando paralelos, redefine, mas nunca define nada; nem ela mesma. Rediz o dito, desdiz o redito, edita, mas nunca dita. Dito isso, a poesia mais do que sentimentos, ou a arte de evocá-los, é um sentido que se soma aos outros sentidos, e que se manifesta em poucas pessoas; um híbrido nascido da percepção e da expressão. Entre Amor e Humor, a poesia é Rumor.

Os profetas, cartomantes, quiromantes, adivinhos - ou seja lá como forem denominados os que tentam prever o futuro -, todos se dizem dotados de um sexto-sentido. Inven-cionismos à parte, na poesia não existe charlatão, ou se é poeta ou não se é. Sem meio termo. O morno, na poesia, vomita-se. E quem afirma o poeta é a poesia, e não o inverso.

Metrificada, rimada, versada, nascida da música, o que gera uma tremenda ironia: um poeta sempre será um músico, mas um músico pode nunca ser um poeta. O músico toca um instrumento e o poeta com a poesia simplesmente toca. Pensando bem, acho que a poesia nasceu antes da música... muito antes até.

As pinturas rupestres, que aprendemos a chamar de "desenhos", talvez sejam poemas, as primeiras epopeias grafadas da história. Quem é que vai saber se eram (são) ou não? Ninguém. A ciência apenas deduz que são desenhos que representam o cotidiano, dedução que não quer dizer nada. Apenas arquivam essas informações no "P" de pictóricos, e p(r)onto. O pior é que nós nunca saberemos se a "poesia rupestre" está em prosa ou verso. É, os "homens das cavernas" foram os primeiros poetas da humanidade, e a sua poesia vem sobrevivendo ao tempo.

A poesia marca o tempo em toda a sua dimensão.

O médico e o monstro, é assim a relação do poeta com a palavra. Mumificada pelos acadêmicos, exaltada pelos fanáticos eruditos, subvertida pelo provincianismo, empanada pelas mídias de massa, a palavra sofre suas variações, mas é na mesa de cirurgia do poeta que ela cria vida.

Mutilada, recortada, colada, costurada, repensada e reproduzida, a palavra se cria em meio aos choques e se ergue em forma de poesia, e se torna criatura maior do que o seu criador. Fernando Pessoa, um Dr. Frankenstein que produziu vários monstros, misturado com Dr. Jekyll, que não conseguia conter seus arquétipos e se transformava no gigantesco Dr. Hyde, Pessoa foi tão minimizado pelas suas crias, que sua existência humana é praticamente nenhuma. Ricardo, Alberto, Álvaro, será que já não esbarramos com eles por aí?

Nem as almas que suplicam por misericórdia, vagam tão atemporalmente pelo espaço quando há poesia.

A poesia transcende.

Nos gestos graciosos da dança, em pinceladas (as)simétricas, no equilíbrio da natureza, no marasmo do campo, no caos urbano, na carne, na guerra, a poesia caminha em silêncio por esses corredores sinuosos e mostra sua cara ao poeta em lampejos de inspiração, e utiliza-os como um caminho para tomar forma, criar imagem, som, sabor, saber.

Sem saber, o poeta é só um instrumento que a poesia usa para se apresentar. A poesia é o mais poderoso arquétipo do inconsciente coletivo. O verbo é princípio, a poesia um fim, e o poeta um meio.

Quando a sensação de vazio lhe atacar, e a guerra você-versus-você começar, escreva, pois é só a poesia querendo um dedo prosa.

casa 8
ana roman

reza a lenda. nada reza. se rezasse aqui nessa casa não entrava. esse relicário aí na entrada é só pra afastar o santo, que tem medo de imagem. essa luz amarela só ilumina o vazio da queda. quantos homens e quantas mulheres ajoelhados nesse chão que você pisa não quedaram. se você conseguisse enxergar na escuridão dessa luz amarela ia ver as marcas: vômito, náusea, sangue, gozo, pus. você ia ver, e algo dentro dessa sua escuridão de luz amarela ia se pungir. de nojo ou tesão. ou os dois juntos. você com esses seus olhos de menina. olhos de mulher dentro dos olhos de menina. dentro dos olhos de menino. dentro dos olhos de ancião. dentro dos olhos de menina. você não me engana. eu conheço o seu nojo e o seu tesão. sei de cor o seu pior. já vi na pele branquinha de tantas meninas como você. caídas nesse chão. não pedindo por mais nada. não pedindo por perdão. não pedindo por água. talvez por um pau. ou um dedo. uma língua. um corte rente no macio das pernas. eu vi homens velhos também. que vieram aprumados. desgostosos e descrentes. eles também caíram. e perderam o medo da minha cara alaranjada e eufórica. cara de cavalo da madrugada. eles todos sentiram o gosto acre dessa bebida. sentiram a dor e o prazer dessas mordidas de bicho da terra. se sentiram tão perto da morte, e do prazer lento e moroso e escuro da morte, se sentiram tão perto da cor da vida, marrom fezes, casca de ferida, coágulo, coisa vencida, que nunca voltaram. eu nunca mais os chamei. eles abraçaram a própria escuridão e saíram lívidos e leves. eu vi nos seus olhos o fundo do desejo. eu ouvi a voz firme do avesso do amor. eu senti com meus pés quando você entrou, o rumor da terra ordenando a sua presença. foi por isso que eu te chamei.

fátima
marina fiúza

Ele da área das ciências políticas, eu das artes literárias. Vira e mexe debatemos sobre o valor das nossas escolhas acadêmicas e ele pensa sair vitorioso quando toca no ponto "utilidade pública". Devo concordar que compreender os governos que regem as sociedades desde sempre, tem importância direta na vida de todos nós. Mas eu, cá com meus botões, me contento em segredo com o trunfo da literatura.

Pessoalmente, acredito que o grande valor da literatura é o de frear a inércia da vida moderna. Ao brincar com a linguagem, ao desautomatizar a gramática, o texto literário nos obriga a parar, olhar para o distante, e pensar. Eu conheço essa palavra, sei o que significa, mas o que é que ela está fazendo AQUI? E tentando decifrar esses porquês a mente expande, ganhamos consciência da linguagem. E toda experiência humana perpassa a linguagem.

Recentemente tive a oportunidade de acompanhar meu marido em uma missão estudantil pelas regiões de conflito no Oriente Médio. Foram dezoito dias, cinco países, vinte e uma cidades. Pontos turísticos espremeram-se entre os tantos encontros que tivemos com autoridades, professores, jovens e famílias locais. Nossa "missão" era a de simplesmente ouvir o que aquela gente sofrida tinha urgência para desabafar. Ouvi depoimentos que ainda latejam em meu coração. Há tanta injustiça no mundo que a gente nem desconfia.

Em Ajlun, um vilarejo jordaniano, descemos do ônibus e andamos por longos minutos sobre solo seco e sob céu azul de inverno até chegar a casa de Fátima, colaboradora da ONG que nos proporcionou a viagem; caminho de Abraão, Fátima nos aguardava para um almoço típico em sua modesta casa. Quando chegamos ela estava no quintal, que era na verdade uma montanha inteira. Sovava a massa do pão mais saboroso que já comi e deixou que eu experimentasse o artifício. Tentei imitá-la abrindo a massa na palma da mão, cheia do mais puro azeite, e ela ria debochada do meu inútil esforço.

Almoçamos todos no chão, como no costume árabe, um verdadeiro banquete. Para digestão, o típico chá e uma sessão de perguntas para a família de Fátima, que a essa altura estava sentada num canto, coberta pelo seu véu e nem por isso menos exuberante. Perguntei para o guia local o que as mulheres dali faziam como entretenimento. Tive que refazer a pergunta, que não pareceu muito clara ao intérprete. Pedi que nossa anfitriã respondesse, mas antes que ela terminasse a primeira frase foi logo interrompida pelo homem da família que respondeu por ela: as mulheres se divertem lendo o corão e cuidando da casa.

Em sinal de respeito, guardamos nossa indignação para a reunião de mais tarde. Todas as noites, nos reuníamos no saguão dos hotéis para refletirmos sobre as experiências vividas durante o dia. O viés das discussões era sempre político, dado ao fato de que o grupo de estudantes era do curso de Relações Internacionais.

Ainda na casa de Fátima, enquanto o grupo elaborava mais perguntas e fumava o narguilé, fiquei com aquela resposta entalada na garganta. Era inaceitável que uma mulher com a vida latente nas bochechas rosadas pudesse se divertir assim, lendo o corão e cuidando da casa. Pensei em quanta sorte eu tive quando nasci no Brasil. Mas, como é mesmo que eu me divirto? Levei um susto quando não encontrei a resposta na ponta da língua. Como foi a última vez em que me diverti no meu tempo livre? Fui ao shopping e delirei por ter encontrado a sandália dos meus sonhos com setenta por cento de desconto. Só isso? O que mais eu faço com toda a imensa liberdade ocidental de que disponho? Pensa Marina, pensa mais.

Só isso.

Não sei se mais triste pela Fátima ou por mim, senti que poderia chorar o suficiente para umedecer toda aquela montanha. Quando chegou a hora de ir embora, dei um abraço longo e demorado naquela que parecia ser uma amiga de velhos tempos, conhecedora dos meu mais profundos segredos. Sem intermédio do idioma, ficamos assim, olhando uma para outra e de mãos dadas. Quando a palavra falta a emoção sai pela linguagem do corpo.

Eu conhecia aquele brilho nos olhos, estava diante de uma mulher exatamente como eu, tive certeza. Mas o que ela fazia ali, com aquelas roupas, naquele quase-deserto? Fui obrigada a parar, olhar para o distante, e pensar. Pensar as minhas roupas, pensar a minha casa, pensar a minha vida. Pensar que "felicidade" é uma palavra misteriosa. Pensar na irmandade malcriada que é a humanidade. Pensar em Deus.

Fátima foi minha encantadora palavra poética.

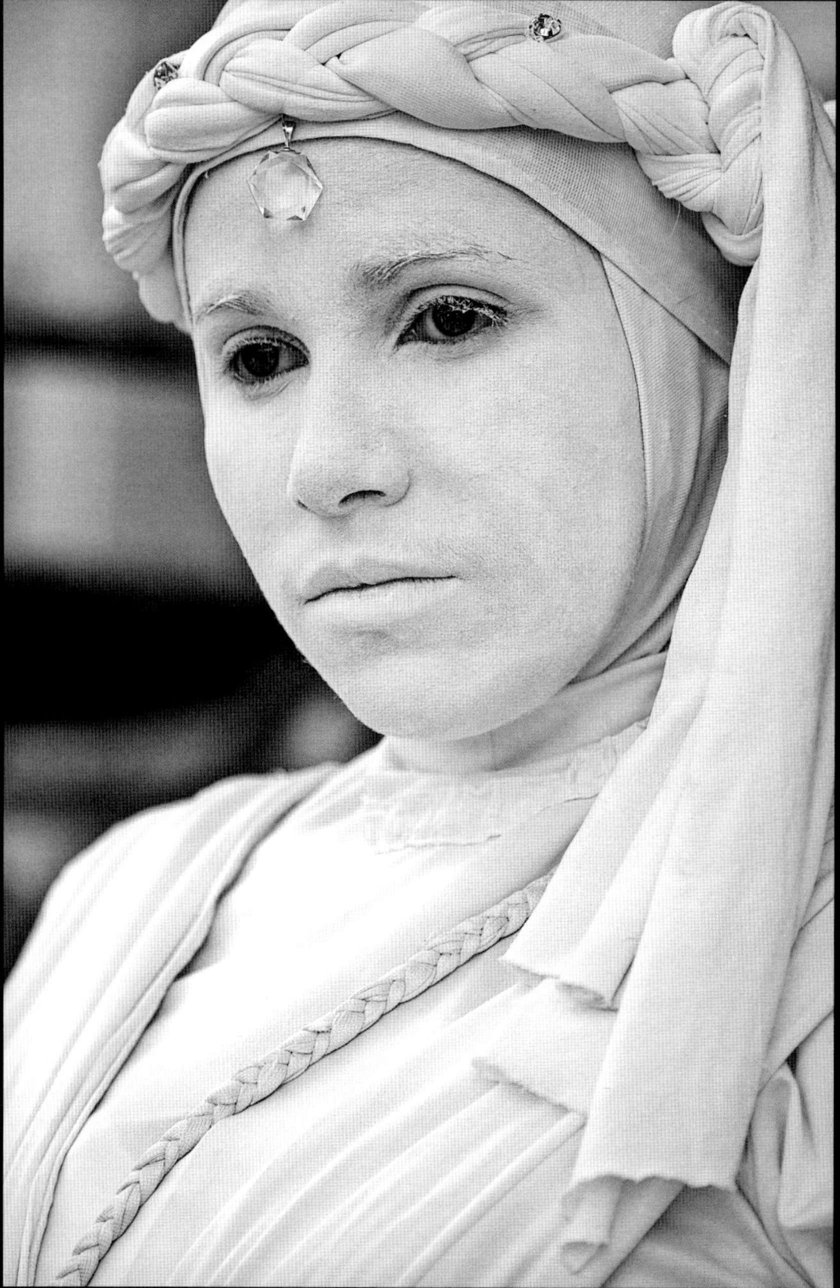

olhos certos | mateus silva

ainda agora
barbara leite

Ela brincou de dor debaixo da chuva
Alimentou-se das gotas dos temporais
Olhou seu corpo e encontrava-se nua
Vestida apenas com seus somados ais

Brincou de cabra-cega com o passado
Usou a venda nos olhos como amuleto
Tateou e experimentou sabor amargo
Saturou-se de brincar de ser brinquedo

Restos de lágrimas molhavam seu colo:
-É tarde,
Mas ainda é agora!

E brincou de roubar coroa de reis
Reaprendeu a ser nua com estranhos
Recomeçou a brincar de era-uma-vez
Ignorando teses do seu olhar castanho

Restos de sorrisos enfeitavam seu rosto:
-É tarde,
Mas ainda é agora!

aliteração apenas
fernanda carvalho

Amor
Sem significado
Sexo
Sem saudades
Tédio
Sem sonho
Ilusão
Sem tesão
Rotina
Sem resposta
Solidão
Sem paixão
Poeira
Sem desejo
Indiferença
Simples
Sem verbo

Amor

mãe natureza
isadora frade

Não gostava de balé. Nunca colecionou papéis de carta. Odiava rosa. Tinha letra feia. Não gostava de bichos de pelúcia. Não sonhava com o príncipe encantado. Não brincava de casinha ou de professora. Nunca quis ser paquita, modelo ou atriz. Não dava banhos de creme no cabelo das bonecas. Não gostava de *boy band*, de sapatos altos e muito menos de maquilagem. Mas ela sempre soube. A ultrassonografia era apenas uma confirmação de que a natureza, além de sábia, era vingativa. Sacou o celular e, já conformada, ligou para dar notícias:

- Mãe, você vai ter que me ensinar a fazer trancinhas...

a entrevista pá-pum
cesar cruz

Devo confessar: sempre sonhei em dar uma entrevista pá-pum. Desde que me conheço por gente, leio essas deliciosas entrevistinhas nas revistas, feitas com os famosos, e babo de inveja. Funciona assim: o entrevistador faz uma pergunta e o astro responde com uma ou no máximo duas palavras, sem embromações, tudo rapidinho, cheio de charme.

Pá, pum!

Cor preferida? Verde. Comida? A da minha mãe. Um sonho? Pular de paraquedas. Um medo? A solidão. Pessoa querida? Meu marido. O que detesta nas pessoas? A mentira. Parte do corpo que mais gosta? Meus olhos. Um defeito? A sinceridade. E por aí vai. A fórmula é boa, o que estraga são essas respostas, absolutamente clichês.

E eu lá, na privacidade do meu vaso sanitário (sim, é lá que eu gosto de ler essas as entrevistas), penso: "Ah, se fosse comigo! Aí eles iam ver o que são respostas verdadeiramente brilhantes e criativas!". Cheguei até a preparar algumas ótimas, caso algum dia um jorna-lista visionário me descobrisse.

Mas não me descobriram.

E se passaram anos...

Agora, chegado aos quarenta, homem de meia-idade, careca, criando pneus na cintura, a vista cansada e... nada da minha entrevistinha pá-pum sair. Vida injusta!

E não adianta chiar. Entrevistinha pá-pum é assim mesmo: exclusividade de gente que é destaque na Vai-Vai, gente que vai ao Jô, à Hebe, técnico de seleção de vôlei, político da moda, mulher da Playboy...

Então, de repente, me ocorreu algo: "Péra lá, afinal também sou famoso! Agora escrevo pro MundoMundano. Bem que o pessoal lá podia quebrar o meu galho..."

Revestido de tal certeza, enchi o peito e fui à redação do MundoMundano falar com a Camila, a chefa do portal.

Sentei-me de frente pra ela e mandei:

- Camila, estive pensando, que tal eu conceder ao MM uma entrevistinha pá-pum?

Silêncio da Camila.

- Veja as vantagens, Camila: os leitores saberão mais sobre mim, sobre meus gostos e hábitos, conhecerão o meu Eu interior...

- Bem, Cesar... hum... veja...

- Vamos lá, Camila! Por que tantas reticências? A publicação será um sucesso retumbante! Travaremos o portal de tantos acessos!

- ...

- Não faz essa cara, Camila!

- Cesar, você há de convir que...

Fui-me embora. Ora, essa... Não vou convir com porra nenhuma. Vou eu mesmo me entrevistar, isso sim! Fim de papo.

E assim foi feito. Lá na sala da minha casa. Eu em boa companhia. Comigo mesmo.

Segue abaixo, com exclusividade para os leitores do MM, na íntegra e sem cortes:

CESAR CRUZ ENTREVISTA CESAR CRUZ!

Cesar pergunta: Boa tarde, Cesar! É um prazer descomunal tê-lo aqui, obrigado! Gostaria de fazer com você uma entrevista pá-pum. Sabe como funciona?

Cesar responde: Sei, claro!

Cesar pergunta: Então vamos lá. Cor preferida?

Cesar responde: Verde

Cesar pergunta: Comida?

Cesar responde: A que minha mãe fazia.

Cesar pergunta: Um sonho?

Cesar responde: Pular de paraquedas.

Cesar pergunta: Um medo?

Cesar responde: A solidão.

Cesar pergunta: Pessoa querida?

Cesar responde: Minha mulher.

Cesar pergunta: O que detesta nas pessoas?

Cesar responde: A mentira.

Cesar pergunta: Um defeito?

Cesar responde: A sinceridade.

Cesar pergunta: Parte do corpo que mais gosta?

Cesar responde: Humm... Meus olhos!

fotografias
marina fiúza

Ir a Portugal foi um sonho carinhosamente cultivado durante alguns anos da minha vida. Era já com familiaridade que eu me imaginava passeando pelas ruas de Lisboa. Emocionava-me a cada leitura de Pessoa ou Camões, cheia de estranha cumplicidade.

Finalmente pisar em terras lusitanas foi algo maravilhoso. Consegui segurar o choro até me ver diante do Tejo, que transbordou em mim. Chorei na Rua da Saudade, ouvindo fado e até comendo um pastelzinho de Santa Clara. De tão sonhado que era e para crer que era real, precisei beber o Tejo, alisar os azulejos, beijar as estátuas. Sim, tudo era inesquecível, mas só para garantir tirei quantas fotos pude.

Já em Madri...

...horas antes de voltar ao Brasil tive minha câmera roubada na cidade, fato que rendeu infinitas lágrimas e uma antipatia crônica da capital espanhola. Consolei-me pensando que o que eu vi e experimentei em Portugal ninguém jamais poderia roubar de mim.

Um ano e meio depois me espanto quando vasculho o cofre da memória e encontro só uns restos de ruas, umas poucas notas de fado, um gostinho doce, quase aguado. Para falar a verdade, se é que a verdade existe, às vezes nem sei mais qual memória foi vivida e qual foi sonhada. Será que se tivesse as fotos num álbum da estante eu lembraria? Duvido.

Duvido porque quando folheio os álbuns da estante reconheço-me apenas como quem se reconhece numa personagem de romance.

Neste imenso quarto de sonhos e memórias, onde brotam e se dissolvem pessoas e lugares a todo instante, mora também a pergunta: em que se resume a vida?

Nos sonhos tão fortemente sonhados ou nos sonhos realizados?
Num mosaico de passado?
No presente sempre fugidio?
Na iminência do futuro?

Disso eu ainda não sei, mas já posso garantir: tudo vale a pena, se a alma não é pequena.

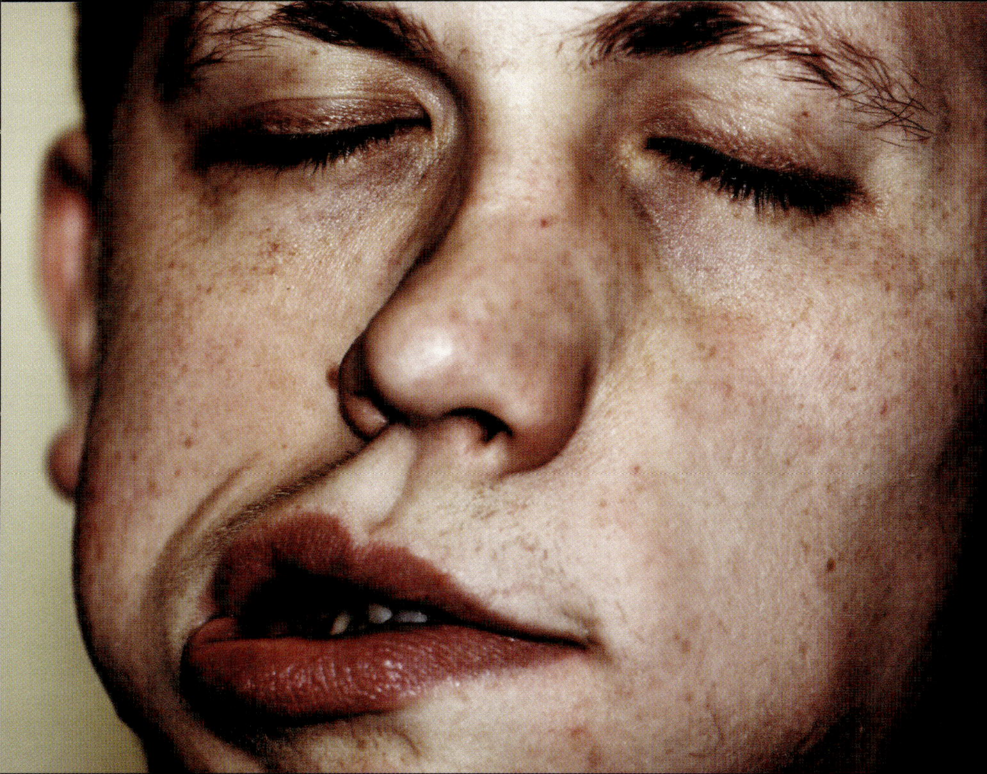

apolo | cláudio manculi

flanelinha
edu marcondes

Voltou correndo para o carro depois de passar algumas horas fazendo compras no centro da cidade. Nem bem espetou a chave no contato, ouviu uma voz imperativa que parecia de uma autoridade: "O senhor paga 16 reais, doutor!". Espantou-se com a dívida que acabara de assumir: "Como?". Ao lado do carro postou-se um rapaz que esperava sem disfarçar a impaciência: "É simples, o senhor chegou aqui às duas da tarde, agora são seis horas, o dia já vai terminando... ficou quatro horas na vaga, são quatro reais por hora, portanto... 16 reais!"

Nosso amigo motorista continuava achando tudo muito estranho: "Mas eu estou parado na rua". "É doutor, mas no meu trecho da rua. Se o senhor estivesse ali mais pra baixo, estaria no trecho do Zóio, lá pra cima é o trecho do Maneta e aqui sou eu, Bola, ao seu dispor. Tomei conta do seu carro direitinho. Estou aqui desde que o senhor chegou. Garanto que vagabundo nenhum sequer se aproximou do seu carro. Agora é justo o senhor pagar pelo meu serviço, não é não?". O espanto impediu nosso pobre protagonista de dizer que não.

Bola, do alto de sua autoridade como dono do trecho da rua, resolveu explicar como funcionavam as coisas por ali: "a gente estava tendo muito prejuízo, sabe, doutor? O sujeito vinha aqui, parava o carro no início do dia, só ia embora no final da tarde e dava só uns trocados aí pra nós. Pô, não é justo, a gente chega aqui cedo, fica o dia todo e ganha só uma merreca? Não tem como... daí resolvemos fazer esse sistema do rotativo, o cara paga por hora... assim os caras ficam com medo de pagar muita grana e ralam rapidinho pra dar lugar pra outro carinha pagar também... daí a gente ganha mais uma graninha pro leite das crianças, né?"

O motorista não sabia o que responder, limitava-se a fitar com os olhos arregalados aquele rapaz que não teria mais de vinte anos, e talvez fosse muito novo para ter filhos.

Bola continuava sua teoria: "E sai até mais barato, o senhor vê... tem colega por aí que tá cobrando dez reais de motorista que vai ficar só uma hora... é sacanagem... mas aqui a gente cobra o justo, quatro reais por hora... veio rapidinho, vai ficar pouco tempo? Paga menos... mas se vai ficar o dia inteiro, tem que pagar mais"...

Por fim o motorista decidiu-se: "olha, meu amigo, a rua é pública e eu não vou pagar pelo seu sistema 'rotativo' não... aqui tem cinco reais, é tudo o que eu tenho"... Bola não se segurou: "ah, doutor aí vai ficar pequeno, hein? O senhor sabe, hoje em dia tá muito perigoso deixar o carro por aí, podem mexer no carro do senhor... e se a gente não recebe a gente não pode garantir nada, né? Melhor não para mais por aqui, hein? Seu carro vai ficar marcado"

Como nosso amigo trabalhava ali por perto, achou melhor não desafiar mais, e acabou pagando os dezesseis reais. Bola voltou a se animar: "Aí sim, hein, doutor? Olha, o número do meu celular tá aqui nesse cartão... o senhor precisando, liga pra nós que a gente até reserva uma vaguinha pro senhor Tá vendo como é bom ser amigo da gente? Tô falando, só tem vantagem..."

* Inspirado em "Flanelinha cobra R$ 4,00 por hora no centro", Folha de S. Paulo, domingo, 14 de dezembro de 2008.

açougue
andré braga

Enquanto ela afia a faca de cabo branco
No esmeril perverso da indiferença
Um coração pulsa sobre a pia
"Plic, plac" o salto alto indica sua aproximação
O coração-oferenda acelera no altar
Olha vidrada o alvo vermelho-vivo
Acaricia, beija, deseja, fatia o músculo

Cheira o pedaço cuidadosamente retirado
Lambe carne, bebe vinho, morde
Delicia-se: o prazer é o primeiro entre os sentidos

Cospe a matéria e fica só com o gosto da boca
Lambe os dedos de olhos fechados, acaricia-se

Ainda vivo, pendura a sobra do coração na vitrine
Para que a próxima faca exercite sua lâmina 88

amor platônico
victor barau

Quem és? - perguntou uma voz
Titubeante. E numa grande euforia,
A carrasca cheia de luz e alegria,
Se apresenta como sua algoz.

Eis que surge uma bela dama
Adornada num esplendoroso
Brilho. E num lance caloroso
Se mostra nua numa cama.

Seu corpo, sua tez leve e suave
Sacia a fantasia daquele ser
Moribundo, consumindo-o de paixão.

E ao homem, resta apenas convalescer
Naquela escura e funda concavidade
Onde reluz a crueldade de Platão.

chanel #5
zé gui vereza

Ele chegou mais cedo no aeroporto só para ficar mais tempo no *free shop.*
O cheiro de perfume lembrava todas as suas viagens.
Tudo começava com este cheiro.
Bósnia, Iraque, Afeganistão, Egito e, agora, Líbia.
A emissora mandava Paulo para qualquer lugar do mundo.
Correspondente de guerra, precisava sentir o cheiro de paz, para seguir vivendo.

*miniconto elaborado na Oficina Degustativa Literária – explorando os 5 sentidos – realizada pelo Instituto MundoMundano em fevereiro de 2011.

sem ligação de retorno
enrique carretero

Luzes, cerveja, forró, samba e música dos anos oitenta

Saliva, corpo, sexos duros

- é muito tarde -

Bebemos muito e a roupa fede a cigarro

E nós moramos sozinhos e temos cachorros

E amanhã é domingo e começa o horário de verão

E o dia depois de amanhã é segunda

E voltaremos a nossa rotina.

Talvez seja possível ficar em vertigem de trapezista

E cair como Altazor à procura de estrelas fugazes nas gretas dos precipícios

- obrigado, Huidobro -

Quiçá você possa cair fatalmente

E eu conheço minhas quedas

Mas não as tuas.

ai dotô,
se **fodeu!!**
125
Vida Loka
15 | 05 | 2007

duas violências
fred kling

O filme "Tropa de elite 2", de José Padilha, e o livro "Desonra", de J.M Coetzee, têm duas das mais perturbadoras representações artísticas da violência dos últimos tempos. Em comum, além de ser contra mulheres, há o fato de que Padilha não filmou e Coetzee não escreveu seus respectivos atos.

No filme, a jornalista interpretada por Tainá Miller descobre em uma casa evidências que ligariam um político a milicianos. Ela está feliz com a descoberta. Corta. Os bandidos estão na casa, com armas em punho, a dona do local e o fotógrafo que acompanha a jornalista estão mortos, Tainá está no sofá, chorando e abraçando as pernas. Um miliciano pergunta se eles não poderiam aproveitar a moça, pois ela é bonita. Corta. Dois homens em um campo aberto arrancam dentes de crânios carbonizados.

No livro, a casa em que estão o professor David Lurie e sua filha, Lucy, é atacada por dois homens e um garoto. David é trancado em um banheiro, recebe pontapés e, finalmente, jogam nele um líquido inflamável e tacam-lhe fogo. O professor consegue apagar as chamas, mas fica preso no banheiro. A porta é destrancada. Ao abri-la, vê sua filha, de costas, trajando um roupão.

Sabemos obviamente o que aconteceu em ambos os casos. Mas não sabemos como. A perturbação decorre exatamente disso. Não temos um parâmetro visual no qual nos apoiarmos para imaginar o ato. Mais ainda: a forma como os atos refletem-se nas obras aumenta a perturbação. No filme, um deputado lamenta, um editor lava as mãos, mas a história segue. O crime - mais um - é abandonado pela trama. No livro, a violência passa a permear tudo que se segue, mas de maneira inominada. O pai insiste em falar, a mulher resiste, e, apenas perto do final, a palavra vem à tona: estupro. Mas o estrago já está indelevelmente feito.

Pode-se pensar que, por trás da aparente relutância em mostrar a crueza da violência, há um ato de machismo. Escritor e diretor não expõem suas mulheres. O contraponto óbvio é o filme "Irreversível", de Gaspar Noé, e sua longuíssima e crua cena de estupro, protagonizada por Monica Bellucci. Basta ver, no entanto, que a cena em questão não é unanimidade em termos de repulsa. O público feminino, por uma questão de identificação, não tem como deixar de se enojar com a cena. Já em conversas com homens, parece haver uma divisão entre essa cena e a do assassinato, logo no começo. Alguns dizem, até, considerar a cena do assassinato mais repulsiva. Há mesmo aqueles que confessam certo prazer em ver Monica Bellucci subjugada; afinal, não seria um desejo de parte dos homens subjugar sexualmente uma mulher incrivelmente linda e inalcançável como Bellucci? Não é disso, no fundo, que se trata a cena? Não haveria nisso, portanto, uma boa dose de machismo transvestido de cinema-realidade, ou algo que o valha?

Como toda cena incrivelmente forte, a de "Irreversível" volta de vez em quando para assombrar - ou não - a mente de quem viu o filme. Mas nada se compara ao total desco-nhecimento que temos das outras duas cenas de violência. No filme de Noé temos parâmetros sonoros, imagéticos e temporais.

Nas obras de Coetzee e Padilha, não há nada para limitar nossa lembrança dos atos, e eles aparecem da forma como imaginamos, invariavelmente diferentes a cada vez que retornam. Noé nos coloca na frente de um quadro, e da imagem fazemos o que bem entendermos. Padilha e Coetzee, por sua vez, nos colocam na frente de um espelho no qual vemos a nossa capacidade de conceber ações profundamente violentas e repulsivas. A violência será seguidamente perpetrada, e somos nós que a estaremos praticando. 88

pó de estrelas
nana ferreira

Dizem que vim de dentro da barriga de minha mãe.

Mas às vezes acho que vim das estrelas, que sou pó de diamante, de alguma explosão lá no espaço sideral. Um pó de estrelas. Meus pedaços, reunidos entre si, representam apenas partes de um todo muito maior, repleto de energia e que, definitivamente, não é deste planeta.

Dizem que vim de dentro de meu pai, mas acho que vim de um vulcão. Em minhas veias corre magma, de meus olhos brota fogo, meu espírito sempre em constante atividade pulsa em puro abalo sísmico.

Dizem que sou fruto de um amor; às vezes penso que sou produto de um delírio. Talvez eu seja apenas a alucinação de um doido lunático, sou sua amiga imaginária que inge-nuamente acha que existe, e o enche de perguntas.

Dizem que sou feita de carne e ossos, mas sinto que sou feita de areia - sou resultado de algo em erosão, desmonto e me transformo tão logo venha a maré, faço parte do fundo do mar, voo com qualquer brisa que sopre. Sou leve, densa, cheia de vida.

Dizem que não vivo sem ar - eu digo que sou o próprio ar e suas partículas em suspensão. Sou um tornado que gira, cresce, ganha força e destrói tudo que é frágil, tudo o que estiver despreparado pra ter suas raízes arrancadas por um furor natural. Destruo o que for leve e sem alicerces, não deixo intacto nada que não tenha um mínimo de sustentação.

Fecho meus olhos e vejo as estrelas, girando em volta de mim como satélites em órbita. Sou apenas parte de uma coisa muito maior. Talvez apenas uma bolinha de pêlos numa blusa de um gigante, que um dia a bota pra lavar, e vira minha vida de pernas pro ar.

Dizem que sou grande.
Eu digo que isso é relativo.

No fundo, sou apenas mais um pontinho, num quadro de pontilhismo, na obra de alguém por aí.
Um vulcão, um delírio, o vento. Um grão de areia, um solo em erosão.

Pó de estrelas...

Eu, em expansão. ■

o problema
lu gross

- Qual o caminho para se sair daqui?, perguntou Alice.
- Depende para onde se quer ir, respondeu o gato.

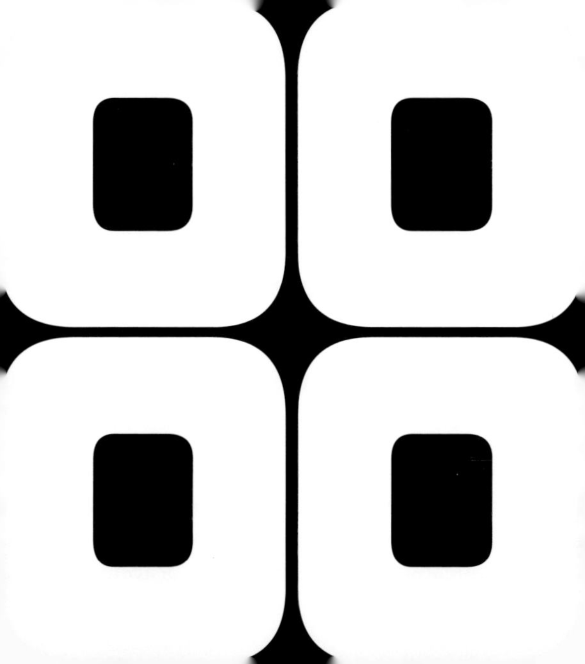

O INSTITUTO

O Instituto MundoMundano - IMM - é uma organização sem fins lucrativos, que tem por objetivo a disseminação da cultura e o apoio a ações sociais. Formado por um grupo eclético das mais diversas e antagônicas formações e classes sociais, é um espaço aberto que une talentos que, em geral, não têm fácil acesso às mídias tradicionais para expor suas artes, sejam elas por meio de palavras, desenhos, traços, ilustrações, pinturas ou fotografias.

Apesar da sede do IMM ser o Mundo, dada sua própria concepção holística, suas manifestações são apresentadas (ainda!) por meio dos fótons de seu site (www.mundomundano.com.br). Ainda, pois a ideia é montar - em breve! - o seu espaço físico, aberto a todos que quiserem simplesmente sonhar.

O conteúdo é elaborado por colaboradores que observam o mundo a partir de diferentes ângulos. Em especial - e essa é a característica fundamental do Instituto - pelo seu lado mais **irreverente, inteligente e instigante**.

São eles - vocês! - que produzem nosso conteúdo. É uma **rede sócio-cultural feita pelo público para o público**, um canal de comunicação aberto a qualquer pessoa que esteja interessada em compartilhar sua arte, propiciando, desta forma, a descoberta de **novos talentos**.

Para manter a linha mestra que norteia todo conteúdo desde sua criação - criatividade e qualidade - os trabalhos são analisados previamente por um Conselho Editorial que trabalha freneticamente para colocar no ar todos os dias um conteúdo novo e inédito.

Os comentários sobre os trabalhos também são incentivados, e fazem parte do contexto da obra. Assim, o MundoMundano funciona como um grande "moderador", um portal de discussões, debates e pontos de vista, que faz com que centenas, milhares de pessoas, **ávidas por informação e cultura**, sejam atraídas para esse universo extremamente diferenciado. Único. Exclusivo.

Temos conseguido estruturar esse grande **banco de dados cultural**, que permite às pessoas criar e expor suas aptidões artísticas de maneira prática, dinâmica e descomplicada. Um banco de dados único, que pode ser acessado por qualquer pessoa de qualquer lugar, criando, dessa forma, um elo entre o artista e o público (o mundo).

Nosso principal objetivo, portanto, é a **difusão da cultura** por meio da criação de um grande espaço, de uma grande "praça" - Ágora - onde grupos de pessoas interessadas em "conversar", discutir ou apenas se "in-formar" se encontram. **É o mundo do "e" e não mais o antigo e segregador mundo do "ou".**

E é em torno dessas ideias, ideais e valores, que pessoas comuns como nós vêm formando, gradativamente, uma base de conhecimento para o pleno exercício da cidadania; criando, divulgando e propagando pelo planeta, com seu brilho próprio e peculiar, letras e traços de um mundo extremamente contemporâneo.

Camila Briganti
Presidente do Instituto

ps: agradeço, pessoal e do fundo do meu coração, a todos que sempre acreditaram nesse sonho hoje não mais sonhado. A todos os nossos mundanos - leitores e colaboradores - que, além de acreditar, confiaram. À nossa equipe, Mariana Lacerda e Tânia Tiburzio, que, de simples coração, vestiram a camisa. Ao Cesar Cruz, pela excelente revisão. A Bruna Nehring, pela maravilhosa tradução. E ao nosso italiano, Giuseppe Schillaci, pelo socorro na revisão final. Sem eles (aliás, todos vocês!), essa realidade seria tão somente mais um sonho.

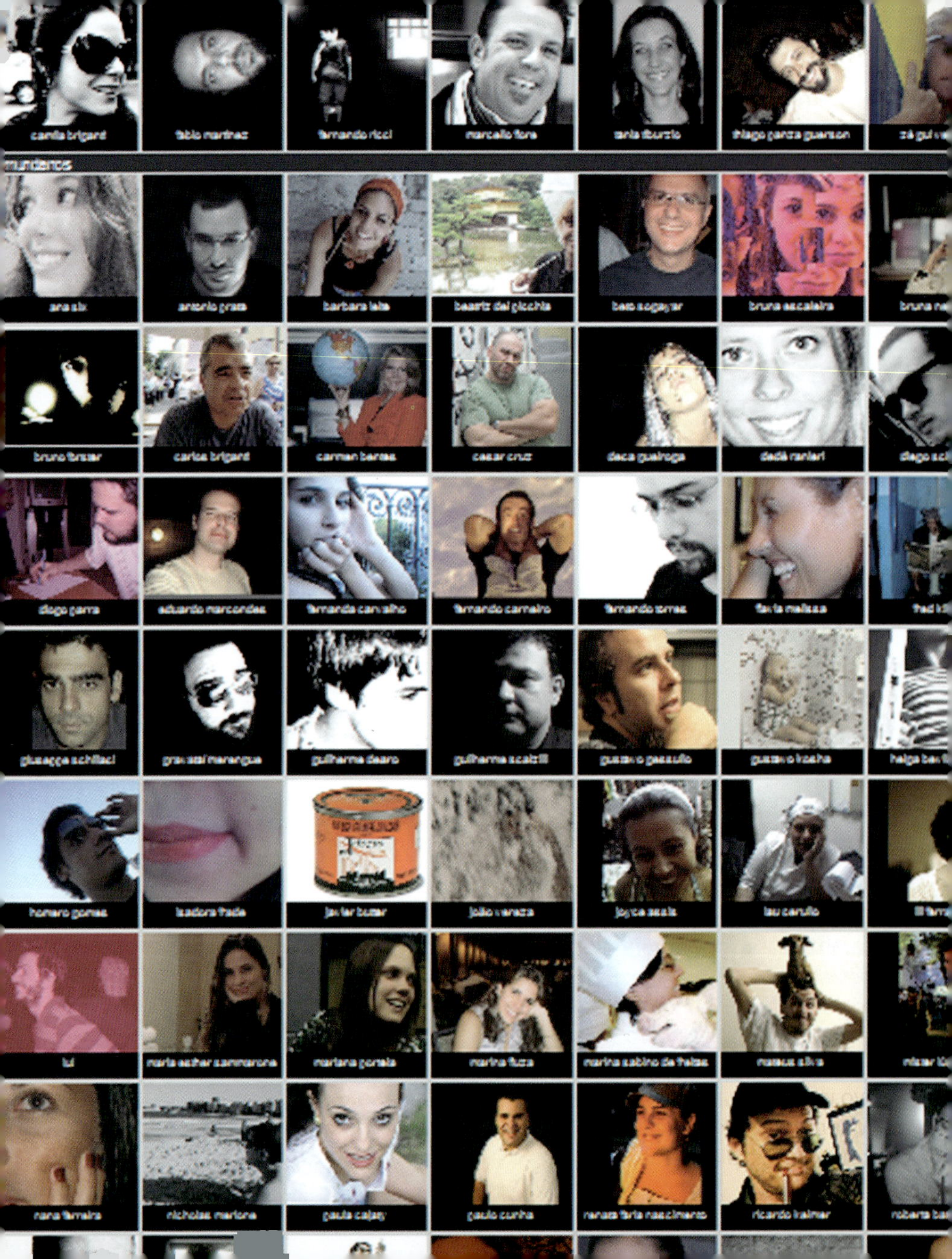

fernando ricci
marcello fiore
thiago garcia guanson
ana six
barbara leite
bruna escaleira
carlos brigant
cesar cruz
deca gualroga
dadá ranieri
diego parra
eduardo marcondes
fernanda carvalho
fernando carneiro
fernando torres
giuseppe schillaci
homero gomes
joyce assis
lui
maria esther sammarone
marina sabino de freitas
nana ferreira
nicholas marione
paula cajay
paulo cunha
renata faria nascimento

EQUIPE

CAMILA BRIGANTI

Sócio-fundadora da revista online e presidente do Instituto Mundo Mundano. Filha de Vinícius de Moraes e Rita Lee - na época romântica de Álvares de Azevedo -, é também advogada. No sangue, o sarcasmo de Machado de Assis. Tem como sua religião o amor, tatuado no corpo. Apaixonada por poetas populares e filosofias de bar, se entrega à arte de filosofar. É uma viajante nata, sem precisar viajar. É uma artista e sua alma é pura poesia.

TÂNIA TIBURZIO

Diretora de conteúdo. Advogada mineira que ao se tornar uma

balzaquiana decidiu largar sua confortável e previsível vida no interior e se mudar para São Paulo. Tem a alma escondida nas montanhas, mas vive sempre à espera do encontro com o mar. Ama as palavras, as pessoas, cores e sons. Diz sempre o que pensa, dá muita bandeira e por isso está sempre dançando na corda bamba. Leu Platão aos treze, foi grunge e comunista aos dezesseis e é devoradora de Pessoa, Neruda e Saramago, desde os dezenove.

MARIANA LACERDA

Diretora executiva. Sou um homem, sou um bicho, sou uma mulher. Eu quis viver nessa metamorfose ambulante, correndo na direção contrária sem pódio de chegada, e de Advogada me fiz artista plástica. Desconfio que seja a minha lucidez que precise de controle... Por isso, sem receios, me desfiz deserto, aguei as flores e, de sapato novo, calça colorida e um novo *way of life*, me pus entre ser o novo e o antigo, para ser definitivamente o que não tem tempo. Ainda poetizo em petição e, por isso, prefiro misturar Raul, Ney e Cazuza para explicar o que só sei falar pelas cores.

JOSÉ GUILHERME VEREZA

Diretor de Comunicação. Publicitário, redator, professor, aluno, botafoguense, lebloniano, neopaulistano, escritor, leitor, metido a cozinheiro, guloso, nem gordo nem magro, moto-rista categoria B, pedestre, viajante, sedentário, roteirista, espectador, pilhado, zen, carnívoro, beatlemaníaco, desafinado, sinfônico, acústico, capricorniano, calorento, sonhador, delirante, insone, objetivo, subjetivo, pragmático, enérgico, banana, introspectivo, extrovertido, goleiro, blogueiro e, agora, mundano. Tem um blog (www. 30segundos.blog.br) onde nada se perde. Muito menos tempo.

FERNANDO RICCI

Fotógrafo oficial de todos os eventos do Instituto MundoMundano. Veio ao mundo em meio ao furor do Tricampeonato Mundial. Tinha tudo para ser louco por futebol, mas odeia com todas as suas forças. Sua grande paixão sempre foi a fotografia. Ensaiou seus primeiros passinhos, ainda pequeno, com uma moderna (para os padrões da época!) LOVE com flashes de cubinho...

THIAGO PANZA GUERSON

Twitteiro oficial da MundoMundano. Viciado aforista que tenta se exprimir comprimindo tudo. Tanto é que, pra ele, a ponte-aérea entre Rio e São Paulo é apenas uma singela pinguela. Possui diversas táticas para apoiar o cotovelo no balcão, gosta de falar bem de todo mundo e mal de todo o resto. Uns dizem que ele é louco, outros escrevem.

PUBLISHERS & MUNDANAS

FERNANDA CARVALHO

Formada em Publicidade, fugiu, viajou, voltou - vive e trabalha em São Paulo. Hoje faz uma mistureba: publica, edita e inventa mais um pouquinho...

de poesia.

RENATA NASCIMENTO

Os explicativos (parênteses) hoje nada fazem. É como se o "Q" – dama de copas – tivesse fugido do palácio pelas bordas. No meio só há jacarés e é sobre eles que eu escrevo. Graduada em RTV. Batendo carteira em cursos de criação literária e roteiro pelo mundo a fora.

REVISOR & MUNDANO

CESAR CRUZ

Harvard Business School e Yale School of Management, são dois exem-plos de importantes cursos de graduação internacional pelos quais Cesar Cruz não passou nem perto. Por aqui mesmo, andou estudando Administração de Empresas e Letras. É monoglota – importante frisar –, e crê na máxima do saudoso Antônio Maria: "O homem deve ser ignorante em um único idioma". Faz sete anos que se meteu a escrevinhador, e já teve cerca de cem dos seus contos, crônicas e artigos publicados em jornais, revistas, rádio e antologias de novos escritores. É colunista do Jornal do Cambuci & Aclimação e colaborador-revisor do MundoMundano. Tem um livro de contos publicado: O Homem Suprimido – Scortecci, 2010. Até o fechamento desta edição, se preparava para o lançamento de A Idade do Vexame e outras histórias, seu primeiro livro de crônicas. Mantém o blog: www.oscausosdocruz.blogspot.com.

MUNDANOS

ANA ROMAN

Ana Roman está se formando em cinema, mas gosta mesmo é de li-teratura. Escreve desde pequena, algo que ela só soube, bem depois, que se chamava prosa poética (mas era melhor quando não tinha nome). Parece que já era mundana havia um tempo, mas começou a participar somente em 2011. Gosta de prazeres bobos, como embebedar a ela e aos outros. Contemporaneíssima, odeia conexão ruim e manteiga dura; gosta de escrever pacas, e não entende por que um a cada três textos seus acabam saindo sobre o mar. Pensa que se ainda não foi marinheira, será.

ANA SIX

Advogada, Balzaquiana, Virginiana e agora, também, Mundana. Entre um prazo e outro, resolveu registrar suas ideias cretinas e altruístas. Não gosta de vida corporativa, de capitalismo, de café, nem de Coca-Cola. Gosta de cidade grande, de cafuné e de Saramago.

ANDRÉ BRAGA

Paulista de nascença (sampacaosmopolitano, prefiro), nordestino de sangue e outras marcas. Torço pelo Santos desde que me sei por gente. Bacharel em Publicidade por engano, Técnico em Logística por força da ocasião, prefiro ser conhecido como poeta. Tenho a poesia como veia de escrita principal, minha *highway*. Não sigo religiões, partidos políticos, torcidas, sindicatos, nenhum tipo de multidão. Bebo cerveja, como gordura e faço caminhadas quase diariamente.

BARBARA LEITE

Intensa, beirando o exagero. Feliz e sonhadora, na mesma proporção. Aspi-rante a poeta desde sempre, administradora de empresas desde 2002, compositora desde a boa vontade de Marco Vilane, e produtora para conciliar administração e arte. Dançarina de coreografias estranhas. Boêmia que não aprecia álcool. Ébria desde o nascimento. Uma desvairada amansada pela poesia e pela música.

BIA DEL PICCHIA

Arquiteta, gosta de cachorros, árvores, haicais, e adora mistérios. Estuda mitologia e psicologia, viaja sempre que pode e lê o tempo todo. É coautora de "O feminino e o sagrado – mulheres na jornada do herói" (Ágora, 2010) e de "Circunvago" (Demônio Negro, 2008). Blog: http://www.ofemininoeosagrado.blogspot.com

BRUNA ESCALEIRA

Nem sempre mundana. Mas quando, totalmente. Intensidade em conta-gotas. Uma errada acertante. Constantemente inconstante. Viajante de sonhos, bocas e retinas. Vibrante por amores, versos, gestos e cores. Distraída com gostos, detalhes e rostos. Sal e pimenta salpicados. Ritmos desviciados. Quem escreve, não o quê. Em busca de ação. Identificando-se, mas antes, descobrindo-se e tornando-se.

BRUNA NEHRING

A velha senhora de nariz imponente e cabelinho branco curtinho, quase navalhado, gosta de ler. E de escrever. Romana, aporta no Rio de Janeiro aos quinze anos. Começa a escrever tardiamente quando, já aposentada, abandona os relatórios para escrever o que lhe dá na cabeça e na alma. É de surpreender que só nessa idade ela tenha começado a cavalgar as avenidas da literatura, cruzando ruelas de contos e alamedas de crônicas? Em arranques mais difíceis, continua cavalgando e escalando as colinas das resenhas, as montanhas dos ensaios. É admissível nessa altura da vida arrancar a roupa, revelar as camadas de pele, distribuir sonhos e realidades, reinterpretando memórias, renascimento de desejos e de veleidades? Pois assim é ela, essa Godiva, a escrever desnudando seu corpo devastado pela idade e sua alma renovada por ela própria.

CARLOS BRIGANTI

Médico, psiquiatra, psicoterapeuta. Ninguém é perfeito. Palestrino, poeta. Especialista em peixes, frutos do mar, cervejas. Pós-graduado em *spaghetti alle vongole*. Considera cada escritor qualquer, um amigo. Na Itália, *brasiliano*; no Brasil, italiano. Prefere mulato.

CARMEN BENTES

Nasci carioca, poetisa e escritora. Escrevo desde os nove anos. Formei-me em Comunicação Social com especialização em Relações Públicas. Escrevo sobre tudo. Muitas vezes sou ilusionista de quem me lê, outras tantas é minha história explícita nos meus textos. Para mim esta é a maior sedução: escrever usando o imaginário e a realidade, sem jamais saber quando será um ou outro, que a inspiração me trará. Penso que cada escritor ou poeta, cumpre um destino. O meu é rasgar a alma sem medo de quaisquer julgamentos. Apenas a trago aos meus dedos e transcrevo-a. É quando, liberta do meu casulo, voo pela existência.

CLÁUDIO MANCULI

Se sarcasmo não é uma língua conhecida pra você, nossos diálogos serão curtos e, pra você, sem sentido.

DECA QUEIROGA

Jornalista. Na verdade, uma cantora frustrada. Encontrou na escrita uma forma de saciar todas as suas sedes. Relações-públicas por esporte, amante da noite e da cevada, menina-mulher que percorre diferentes caminhos no jornalismo e na vida. MBA em Jornalismo Econômico, voz de locutora, enorme e variado círculo de amizade e facilidade com as palavras, só a fizeram lembrar que, pra vida, nenhum certificado nos prepara.

DENISE RANIERI

Sua desinibida infância a fez perder (grande) parte de seu foco para resultados, especialmente ao insistir em aprender francês, violão e cozinhar (mesmo quando lhe diziam que não nasceu pra coisa). Atualmente trabalha na organização de eventos (principalmente nos seus próprios) e nas horas vagas empobrece seus clientes como advogada.

DIOGO PARRA

O Diogo gosta: de olhar por qualquer janela; de sentir a noite invadindo silenciosamente a sala-de-estar; de casquinhas potencialmente formáveis em quaisquer tipos de comidas (ex: pão que torrou demais, carne que passou do ponto, queijo frito); de viajar em trem; de comprar pão em padarias distantes, apenas para ter a desculpa de tomar o metrô. Ele não gosta: de ouvir a tevê ligada, já ao descer do elevador (odeia que a Fátima Bernardes esteja antes dele em sua própria casa!); do "zzzzzz" que os pernilongos fazem e de saber que algumas pessoas não voltam mais. O Diogo gosta, e também desgosta, de muitas outras coisas. Mas se contá-las todas perdem a graça e acaba o espaço.

DOLCE VITA

Psicóloga clínica por formação. Não sei o que me levou ao mundo da palavra escrita. O que importa é ter encontrado nele uma tradução possível. Escrevo sem rede de segurança, nem garantias. E a sensação é de estreia permanente. A verdade é que fui fisgada pela vontade de criar histórias, mas sem a menor ideia do que me aguarda na próxima linha. O resumo dessa ópera: poderia ser uma personagem de um filme de Woody Allen, mas na maior parte do tempo, minha vida é de Fellini.

EDUARDO MARCONDES

É jornalista desde o dia em que descobriu que achava bonita a palavra escrita. Já frilou em revista e já trabalhou em rádio. Já deu aulas de apresentação de telejornal. Adora contos, crônicas e histórias. Gosta também de poesias, e por isso é fã incondicional do Vinícius de Moraes. É viciado em *junk-food*. Pode ser visto às vezes pedalando sua bike no parque do Ibirapuera.

ENRIQUE CARRETEIRO

Metódico e sistemático, seu *nerd* interior berra, esperneia e se angustia por ele não começar sua descrição pelo formalismo do nome, idade e profissão. Mas, o que as pessoas precisariam saber sobre ele? Que tem um antigo diploma em administração de empresas que deixou pendurado anos atrás e que por muitos outros anos ficou remoendo o fato de não ter a coragem de se jogar ao abismo de si mesmo? Que um dia pulou? Ou quiçá que ele é um lusófilo e brasilófilo assumido e que hoje está no quarto ano de uma graduação em Letras com habilitação em português e grego clássico? Ou que trabalha como professor de língua inglesa? Que é um chileno homossexual de 40 anos que mora há 10 no Brasil? Talvez nada disso. Com certeza nada disso. Porque para a poesia não importa a identidade do poeta, senão a profundidade da sua queda.

FABIO MARTINEZ

Nasceu artista, com o lápis na mão. Responsável pela criação de toda arte da MundoMundano, mergulhou de cabeça no projeto e apresenta – para a sorte da humanidade – suas inteligentes *charges* e arguciosas ilustras, baseado na teoria de Oscar Wild: "A ideia que não é perigosa não merece ser chamada de ideia". Claro, num único objetivo: compartilhar a arte da sua criatividade.

FERNANDO CARNEIRO

Escritor, autor do romance: "A Tróia de Aquiles", 2004 e do livro de contos: "Desconforto", 2008, ed. Person. Coordenou oficinas literárias na Casa das Rosas em 2006, 2007 e 2009; na Livraria da Vila em 2007 e na Livraria Sobrado em 2008. Em 2010 foi jurado do concurso de poesia da Escola da Vila, para alunos de 6º ano do ensino fundamental a 3º ano do ensino Médio. Sua obra é calcada na subversão, imaginação sem freios, aproximando-se perigosamente da insanidade. Fernando acredita que a realização reside no deleite de surpreender e ser surpreendido, na desconstrução das formas e num processo de renovação sem fim. Ele busca se infiltrar cada vez mais no fluxo insano dos pensamentos, criador de realidades, que tanto atormentam o ser humano.

FERNANDO TORRES

Tem orgulho do seu nome de muitas letras e de ser advogado. Do mais, gosta de escrever com lirismo e suavidade para falar daquilo que é duro ou violento. Acredita também que a melhor forma de abordar um assunto pode ser não falando dele, se em tudo contém seu oposto, é neste que ele se foca. Escreveu um roteiro que espera ser filmado em breve, uma peça de teatro pela metade; teve cerca de cem de seus contos destruídos pelo fogo, pela formatação deliberada de seu computador, ou que podem estar fermentando em decomposição em um aterro sanitário qualquer por aí. (foto: fernanda fiamoncini)

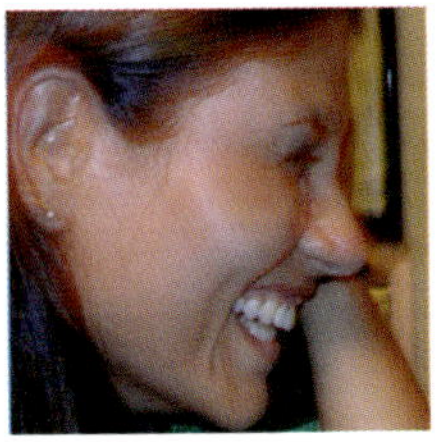

FLAVIA MELISSA

Escritora por necessidade mais do que por talento, brinca com as palavras desde criancinha. Blogueira desde os tempos do zip-ponto-net, participou do primeiro livro da Editora Prólogo e ficou se achando muito importante por ser autora publicada. Fascinada com a possibilidade de brincar de Deus ao inventar personagens e realidadades, desinventou a si mesma e se reconstruiu durante a temporada em que morou na China: morreu psicóloga e, da própria costela, renasceu acupunturista. Durante anos lutou pelo direito de ser tufão, mas acabou descobrindo a própria essência na brisa que bate fresca, ao final de um dia escaldante.

FRANCO RATTICHIERI

Divide suas 52 semanas entre a profissão de Cirurgião Dentista especializado em estética dental e facial e missões humanitárias. Professor de ensino superior e pós. Musico amador, fotógrafo amador, ciclista amador, escreve pouco mas pretende melhorar. Fascinado mais pelos seres humanos que pelo resto das criaturas. Curioso e inquieto observador das efemeridades de todos os dias, aprecia os aromas, os sabores e a mudança progressiva da luz ao longo das horas. Tenta fazer diferença na vida das pessoas por onde passa, pois crê que a vida é uma só.

FRED KLING

Profundamente otimista, mas um pessimista enrustido. Odeio o tal do cidadão de bem e os espertinhos de plantão. Adoro boas comidas e bebidas, arrisco uns voos no fogão e sou viciado em coca - o refrige-rante. Devoro livros por prazer, algumas vezes por obrigação. Cinéfilo diletante, cineasta frustrado. Mataria muitos políticos, mas amo a política. Gostaria de ser o poeta e diplomata Vinícius de Moraes.

GIUSEPPE SCHILLACI

Nascido em Palermo em 1978, vive atualmente entre Palermo e Roma onde trabalha como autor e diretor de cinema. Muitos de seus contos foram publicados nas revistas ita-lianas. Em 2010 estreia no mundo literário com o romance "O ano das cinzas" (editora Nutrimenti), selecionado para concorrer ao Prêmio Strega (além de ser finalista do prêmio John Fante, entre outros). É Autor e Diretor do documentário "Cosmic

Energy Inc." apresentado em estreia mundial no "Festival Hot Docs" de Toronto, Canada, em 2011. Em 2009 arrematou o prêmio especial do Júri no Festival Cinematográfico de Torino, com o documentário "The CambodianRoom", a respeito de Antoine D'Agata - fotógrafo da agência "Magnum" - com co-direção de Tommaso Lusena. Foi produtor executivo de vários documentários, tendo também colaborado nos sets de diversas produções cinematográficas, com diretores como John Turturro (2008) e Wim Wenders (2007).

GUSTAVO GESSULLO

Publicitário frustrado, escritor nas horas vagas. Entre reuniões, e-mails, pausa pro café e cigarro, arrisco alguns textos no trabalho. Sou meio Harvey Pekar, preciso do conflito do escritório para ebulir as ideias. Já são anos assim. Hoje moro em Montreal, escrevo em português num teclado configurado em francês. Escrevi um livro e procuro uma editora. Assino o blog www.dirtysheep.wordpress.com onde falo de música, cinema e aproveito para publicar alguns textos próprios.

GUILHERME GRANATO

Nasceu em 1980 na cidade de Santos. Quando precisa elaborar uma descrição de si, reúne seus recortes e sempre descobre uma figura nova. Trabalha com música, e dela vive graças a algum público e alguns alunos. É dependente químico de literatura, ama filosofia e gosta de capoeira. Bem como alguns artistas que admira, não vê sentido na vida sem Arte. Dife-rente deles, pretende viver muitos anos.

GUSTAVO KOSHA

Encontrou na computação gráfica um meio de sustentar seus vícios em botecos, shows, cds e jogos do Santos. De todas as coisas certas que já fez na vida, algumas foram erradas, e vice-versa. Tocador de cajón, corredor de provas de rua e eclético por natureza, procura uma válvula de escape pra falar, ou melhor, escrever o que sempre viveu e presenciou: a vida mundana.

GUTO SEIXAS

Fotografa o que quer há 11 anos e fica feliz quando você gosta.

HELGA BEVILACQUA

Tem nome de pseudônimo. Vida de personagem. Agarrou-se na primeira pessoa, para viver na terceira. Do singular. Fez direito para errar na vida e quando se deu conta que a borracha havia acabado, se tornou um projeto de escritora e passa algumas madrugadas arquitetando tudo lá: www.sobrenomeprojeto.blogspot.com. Já faz algum tempo que se apaixona a lápis, mas vive tudo a caneta. Escrevendo por satisfação suas insatisfações e cultivando olheiras. Acredita na beleza das pequenas coisas. Gosta de fotografar com palavras poesia urbana.

HOMERO GOMES

De Curitiba|PR, 1978. É escritor. Autor dos trabalhos ainda inéditos Sísifo Desatento (contos) – finalista do Sesc de Literatura edição 2007 –, Jamé Vu – que está sendo publicado via internet –, Mímesis (poemas - prosa poética) e Silêncio de Caronte (poemas). Está escrevendo o romance Tempo do Corpo e procurando uma editora. Colaborou com Rascunho, Cult, Germina Literatura, Cronópios, Ficções e TriploV. É editor do site JAMÉ VU www.jamevu.tumblr.com, e do blogue juvenil PARALELO UM www.paralelo-um.blogspot.com, foi colunista-fundador do coletivo O Bule www.o-bule.com, é colunista do site Página Cultural: www.paginacultural.com.br.

ISADORA FRADE

Advogada. Cinéfila e bibliófila. Também se entorpece com música, quase sempre. Gosta de colocar no papel o cotidiano, as pequenas coisas que esquece enquanto está num trem lotado. Tem livros na bolsa. Gosta de sentimentos, das pessoas (quase sempre), de Clarice, de dias claros e sem nuvens, de cinema vazio e de andar pelas ruas paulistanas cantando ou lendo.

JOÃO VEREZA

Carioca e escreve desde que se lembra. Nascido em 1979, mora em São Paulo desde 2006. Como músico e baterista, fez parte dos Flautistas da Pró-Arte, Helix High School Pipe Band, La Mesa Presbiterian Church Band, San Diego Veterans Memorial Band, Bando de Zé, Hein e, recentemente, Radio Rascal. Escreveu para o Helix High School Herald e para inúmeras marcas e clientes em 11 anos de propaganda e promoção. Em 2010 começou a frequentar oficinas literárias.

JOYCE ASSIS

Produtora de eventos. Gosto de olhar o mar, de perder os pensamentos, pirar de tanto imaginar! Balzaca... mas moleca, daquela bem sapeca! Virginiana típica, exagerada, perfeccionista. Amo a vida, amo cantar, canto o tempo todo! Adoro deta-lhes, acho que fazem mesmo a diferença. Gosto de poesia, de rimar palavras com tempo, com o momento. Como Gabriela, eu nasci assim, eu cresci assim, vou ser sempre assim: difícil de entender, mas fácil de agradar.

KIKO FERRITE

Começou a fotografar em 1995 durante uma viagem de oito meses pela Ásia. Enquanto finalizava o curso de Ciências Sociais na USP, foi contratado pela revista Exame (Ed. Abril), onde trabalhou por três anos. Dali, passeou por praticamente todas as editoras e também pelo mundo: Japão, Botsuana, Ilhas Virgens, Noruega, Cuba, Hong Kong, Nepal, China, Chile e Vietnã são alguns dos lugares que fotografou para revistas como Trip, Terra e Próxima Viagem. Mantém seu estúdio em São Paulo para trabalhos de publicidade. Pai de família, dorme pouco, mas acerta o foco.

LU GROSS

Aquariana desde criancinha, não aceita a nova configuração do céu e em hipótese alguma será Capricórnio. Também não aceita a reforma ortográfica, não acredita no noticiário, e não sabe a diferença entre manjericão e hortelã, mas adora um bom papo e está sempre viajando. Habita o mundo normal, "onde todas os finais são felizes, todas as meninas são princesas e todos os homens são nobres", e está tentando superar a frustração do momento, que é não ser a autora da frase entre aspas.

MARCELLO FIORE

Com uma natureza repleta de antagonismos, tatuou figuras bizarras na pele, mas acabou estranhamente se tornando advogado. O fato é que hoje redige e materializa projetos incentivados, sempre com ênfase cultural e humana. Artista com alma de poeta, na essência de suas emoções é um apaixonado pela vida, pela natureza, e enfrenta quase tudo com um sorriso no rosto, pois sabe, no fundo do coração, que a vida só gosta de quem gosta dela...

MARIA ESTHER SAMMARONE

No seu olhar, fatos do cotidiano tornam-se causos irônicos e divertidos. Gosta de divagar sobre tudo, por isso é um tanto chata e existencialista. Dentre as pessoas, prefere os animais. Cinema e chocolate são seus vícios. Se joga no que faz e adora desafios. Bailarina. Empresária. Apresentadora. Jornalista. A única certeza é a escrita. Apesar de fazer luzes e academia, busca ter uma existência autêntica. Quer escrever um livro. Inspira-se pelas ideias do feminismo, da diversidade e do ócio criativo.

MARIANA PORTELA

Filha de dois escritores e jornalistas, tentei fugir do mundo literário na adolescência. Fui fazer Psicologia. Sempre soube que a literatura dominava minhas mãos e meus olhares sobre o mundo. Cresci rodeada de cheiros de livro e paisagens de biblioteca. Louca por Fernando Pessoa, atravessei os mares para me encontrar com ele em Lisboa. Na volta, recebi um convite para participar do primeiro livro da Editora Prólogo. Pude, finalmente, aceitar meu destino. E, quiçá, um dia, sobreviverei às custas das minhas próprias palavras... Afinal, viver é fictício.

MARINA FIÚZA

Menina que precisou se disfarçar de gente grande. Usa a filha e o mestrado como desculpa para continuar brincando e lendo livros infantis. Não pretende crescer nos próximos anos.

MATEUS SILVA

Nasceu corinthiano, designer por más influências. Fotografa, sem muitas pretensões, simplesmente por adorar congelar em pequenos frames o caos mundano de São Paulo. Sua religião prega o que é ilegal, imoral e engorda. Consome muita vitamina e cafeína. Ele diz que o segredo é um bom e velho punk rock envenenado... Essa informação não é oficial, mas dizem que é totalmente dependente da tecnologia. Repetiu 2 anos por conta da maldita matemática e hoje não dispensa uma calculadora.

MILENA CASTINO

Publicitária da Vila Madalena. Trabalhou com marketing de moda em São Paulo e Paris. Casou-se com um antigo amigo gringo do ICQ e foi morar na chuvosa ilha da Rainha. Morre de saudades de samba, feijoada e novela das oito. Samba quando ninguém vê, canta com colher de pau e fala sozinha em inglês. Sonha em escrever um livro e ver as auroras boreais. Pratica salsa e ashtanga yoga, ama Clarice Lispector, um dia de sol, Almodóvar e borboleta azul.

NANA FERREIRA

Paulistana de nascença, caiçara de coração, foi por ser apaixonada pelos seres humanos e por suas complexidades que resolveu transformar as relações cotidianas em sua profissão. Psicóloga realizada, encontra na prática clínica seu laboratório e sua fonte de energia. Entusiasta da Verdade como premissa básica de vida, é fã de literatura, música e artes marciais, atividades nas quais encontra o espaço ideal para a expressão plena da autenticidade, da criatividade e da busca da tranquilidade psíquica.

NICHOLAS MERLONE

Brasileiro, nascido em São Paulo – SP, corintiano de araque, apreciador das poesias em cada esquina, curte filmes, leituras, a Vida como Ela é, como já dizia o bom e velho Nelson, ou sob as lentes de Chaplin; gosta também de ficar só ou em boa companhia e, depois, escrever sobre todas essas coisas, sendo assim, "escritor" ou, ao menos, um Aspirante das Palavras; mas... não desiste!

PAULA CAJATY

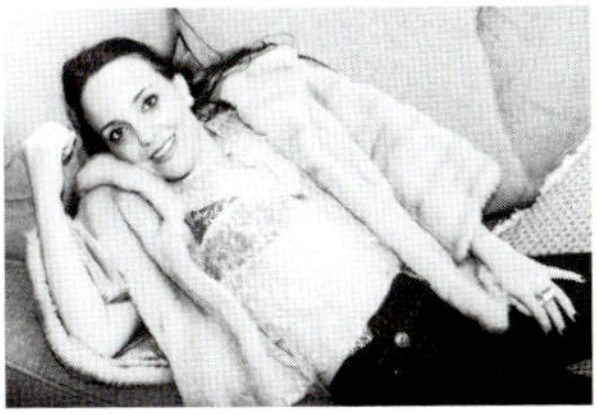

Carioca, descobriu logo cedo os prazeres mundanos. Acabou saindo do Direito para o esquerdo, e caiu com gosto na literatura. Meio escritora, meio católica, meio flamenguista, impaciente metida a poeta, gosta de se meter no meio de tudo. Casou, teve duas filhas: Louisa (1999) e Carolina (2004) e dois livros: Afrodite in verso (2008) e Sexo, tempo e poesia (2010).

PAULO CUNHA

Paulão é brasileiro, paulistano e corinthiano - lógico! Queria ser piloto de avião quando garoto, mas acabou virando jornalista, fotógrafo e piloto de avião virtual. Aproveita suas andanças pelo Brasil e pelo mundo para produzir reportagens nas áreas de turismo, aviação e eventos, para saciar o desejo de voar enquanto registra as belezas do nosso MundoMundano.

RICARDO KELMER

Sou escritor, roteirista e dono de cabaré. Não tenho religião mas acredito em todas as deusas. Sou adepto do Amor, da Liberdade e do Jack Daniel´s. Tenho um blog onde desaguo minha loucura: blogdokelmer.wordpress.com.

ROBERTA BATOCHIO

Advogada e publicitária. Filha de Mussolini e de Cícero. Balzaca, canceriana (ascendente leão e lua em escorpião) que vive para viajar. Amiga dedicada, não admite que façam mal aos seus, chegando a ser inclusive mafiosa neste sentido. Ama a natureza, a liberdade e os animais. Descobriu-se mundana dia destes, e encontrou sentido para sua vida.

RODRIGO RICHTER

Fotógrafo, 30 e poucos anos, nasceu e vive em São Paulo. Depois de vários anos trabalhando na área, tanto na Europa quanto no Brasil, ele agora concentra seu trabalho em fotos de moda e publicidade. (Foto Jhon Chicaroni).

ROGÉRIO DUARTE

Sempre quis ser professor, porque nunca quis sair da escola. No vestibular, optou por Letras Português porque queria levar o rock and roll, sobretudo o brasileiro, para as salas de aula. Hoje, leciona gramática em cursos preparatórios para concursos públicos, e literatura em uma universidade particular. Além disso, utiliza a Internet para escrever textos sobre a literatura em língua portuguesa, rock brasileiro e canção popular.

SANDRA SCHAMAS

Participou de antologias de brasileiros fora do Brasil, tem dois livros publicados, cinco traduzidos, vários artigos em jornais e revistas. Escreve sempre, o tempo todo. Escreve sobre o cotidiano quando está de bom humor. Quando não está, tira a casca de velhas feridas, confere cicatrizes, disserta sobre os desatinos do seu coração e a lucidez de sua alma. Já chorou muito, hoje acredita mais no humor. Atualmente está na fase minimalista, procurando se desapegar dos excessos. Só não abre mão dos excessos do amor.

SÉRGIO PEREZ

Filho caçula de seu Antônio e dona Sylvia, nasci na Mooca, e torto. Como não sou pau, estou buscando endireitar-me para morrer direito. Via caminho do meio... sem ser morno! Nada morno, passional... apaixonado... A eterna busca do equilíbrio intenso... da essência... da minha potência... da Alegria Máxima de ser quem sou. De verdade o que eu sei de mim, dependeu dos meus encontros com o mundo! Por isso preciso do mundo para saber quem sou... preciso viver para estar vivo!! Totalmente mundano interfiro e sou influenciado... sempre.

TATY KIELBERMAN

Nascida em São Paulo, dedica-se com afinco à escrita desde pequena. Foi incentivada por familiares e amigos a desenvolver seu potencial literário, sempre se relacionando com pessoas e ambientes que a fizessem adentrar o mundo dos livros. Escolheu seguir a carreira de psicóloga, mas sem abandonar o sonho de fazer parte das faculdades de Letras ou Jornalismo, cursos que pensa em incluir futuramente em seus projetos de vida.

TÔKIS

É artista 3D, pintor e grafiteiro. Como artista 3D trabalha com modelagem de personagens e objetos. Hoje o artista mostra em suas pinturas a influência dos palhaços, transmitindo muita alegria com cores fortes e divertidas, em plena harmonia. Seus personagens com narizes vermelhos homenageiam os talentosos palhaços, tão esquecidos na cultura brasileira, e nos remete a nossa própria imagem, protestando contra a corrupção do nosso país.

VICTOR BARAU

Vivo com a utopia de que podemos viver num mundo de consciência. Num mundo onde a emoção e a razão coexistam equilibradamente, a democracia seja verdadeira e o dinheiro não seja o que há de mais importante na vida. Na solidão, vivenciei mais intensamente esse mundo mundano...

ZIYAD HADI

36 anos, médico psiquiatra. Gaúcho de nascimento, adotou São Paulo há 10 anos. Casado com Michele. Acredita que, quando a vida já não basta, é preciso apelar para a arte.

BE YOURSELF

TODAY

TOMORROW

FOREVER

Impressão e Acabamento
Bartira
Gráfica
(011) 4393-2911